JN129679

改正出入国管理法施行に伴うビジネスチャンスとリスク

ＩＴ熟年ベンチャーの次の挑戦

グローバル イノベーション コンサルティング㈱
代表取締役社長

岩永 智之

カナリアコミュニケーションズ

Contents

3・14業種の送り出し国の実態と国別のベンチマーク（2017年度データ）

4・外国人労働者から見た場合の日本の各種保険制度・税務面の課題点

はじめに

この本を手に取っていただいたこと、本当にありがとうございます。

２０１９年４月１日から通称「改正出入国管理法」が施行された。２０１８年の12月８日に法案が臨時国会で可決されたあと、インターネット／ＴＶ／新聞・雑誌等でその関係の数多くの情報が世の中に出始めて現在に至っている。日本中どこでもかしこでも外国の人が更に増えるという事で、多くの論調はその受入れ体制の不備があればそれをどのように解消するかといった点を含め悲観論・楽観論入り混じり、人々の社会生活面での変化や課題に焦点を当てている例が比較的多い。本書はそのような人々の暮らしの変化という社会生活面の観点ではなく、あくまでではなく実務的な面から各種の仮説検証を行い、ビジネスチャンスやリスクを述べたものである。その点ではあくまでも本書は実務書に類する。

弊社としてもまた個人的にもこの法案の内容及び議論の推移には２０１８年夏頃から着目しており、新聞記事やインターネットで公表された内容を、２０１８年11月１日から12

月20日の木曜日まで8週間連続でミャンマー語に翻訳して5，000人以上のミャンマー人の読者にお届けした（本文内後述）。そして可決のあとには本書の内容を基とした弊社セミナーを2019年の1月15日から17日に3日間同一内容にて連続で行った。通常であればこのようなセミナーは15人～20人／回の集客であるが3日間とも25人以上であり、これは世の中の関心の高さを表している（雇用主となるお客様／パートナー／送り出し機関／監理団体等も出席）。

例を挙げると、今回の法案施行によりすぐにではなくても、認定された14業種への外国人材の集中化、留学生の外食産業就職の増加、法令遵守徹底による悪質雇用者／送り出し機関／仲介業者の減少、新規参入業者の台頭と海外進出の加速といったような事態や変化、そしてそれに伴うチャンスやリスクが想定できるが、なぜそれが起きるかについては本文上、最終章で述べたい。

本来、私が行政書士の立場であれば、新在留資格（ビザ）である「特定技能1号ビザ」の内容や諸手続きや試験に関して客観的かつ仔細に述べたあとで、次の議論に入ることが多いであろう。本書はもちろんある程度はその内容や解説を行っているが、そこだけに大きな趣を置いたものではない。なぜならその見地・観点から入るだけでは、今後の日本のビジネスにおける社会変化を想定することが非常に難しいからである。その点では新在留資格の内容や法制面の説明に加え、新しく「特定技能1号」が適用される14の受入対象業種（介護／外食／ビルクリーニング／宿泊業／建設／農業／飲食料品製造業／素形材産業／造船・舶用工業／産業機械製造業／電気・電子情報関連産業／漁業／自動車整備業／航空業）の経営幹部や現場責任者もしくは業界関係者の方と十二分ではないものの実際に直接の聞き取り調査を行った結果を反映させた。第二に自らの実務経験や海外コンサルティングを基にして今回海外で試験が実施される9つの国を客観的な数字と独自の観点で分析し、受入れる立場になる日本人との相性や親和性を含めた評価を行った。なお、私自身はITと海外進出コンサルティングの二つが主な専門分野であり、中国・東南アジア・インドではスリランカ／ブルネイ／ブータン以外のすべての国で日系IT企業を含む日系企業／現地IT企業／日本語学校の調査をこの14年間にわたって行ってきた知見がある。

次に今回大きく影響を受けることが想定される、現時点の技能実習生のスキーム下でステークホルダーの立場となっている送り出し機関（相手国）／監理団体（仲介業者含む）そして内外の日本語学校の実施・実態調査を反映させた。そして、今まで述べた点を複合的に分析することにより、ある程度仮設検証の精度を上げることができ、目的であるビジネスチャンスとリスクに言及できたと感じている。

また、現時点で弊社パートナーの会社にも「改正出入国管理法」施行によりその関係業種でどのような変化（チャンス）があるかのご意見を伺い、それを本書に加えることにした。それは㈱オークハウス（シェアハウスで日本No.1）・㈱エビヌマ（寝具・家具レンタル&リースの大手）・某インターネット銀行（諸般の事情で会社名は伏せるが経営幹部の聞き取り調査を行った）の3社である。特に今まで外国人労働者を入れていなかった14の業種の関係者はこれらの会社のご意見や彼らが狙うところも参考にされたい。

以上の点から本書は現時点でミャンマー含め新興国と呼ばれるアジアの開発途上国で人材関連ビジネスをすでに行っている企業、その地域に進出を希望・計画する企業（特に中堅・中小企業）のビジネスモデルを策定中の経営者・経営企画・プロジェクト実施／遂行者、「受入れ機関（直接の雇用者）」そのもの、「受入れ機関」及び「特定技能1号ビザ」で従事する外国人労働者をサポートとする必要がある都道府県や各市町村、各種業界団体の関係者、従来のステークホルダー及び新設の「登録支援機関」を含めた新規参入業者に多くのヒントと示唆・方向性を与えるであろう。

1 技能実習生／外国人留学生の実態と課題点

1-1 来日する外国人労働者の就労ビザ関連状況（観光ビザ以外）

外国人は２０１７年10月時点のデータでは日本に２６３万人存在し、その時点の日本の人口の約２％である。その割合はドイツの９％、アメリカの７％と比較すると決して大きな数字ではない。その中で日本の外国人労働者は１２８万人。

少子化が叫ばれてから早10年以上は経過している。そして、労働力人口の大幅減少を補うために高齢者・女性の活用やＡＩ／Ｒｏｂｏｔ／ＲＰＡといったＩＴ技術を活用した働き方改革に加え、外国人労働者との共生や活用は各企業にとって非常に大きな課題の一つである。当然、外国人を受入れる際は母国でパスポート（査証）を発行し、次に日本での在留許可（ビザ）を取得して来日することになる。

ビザには多くの種類があるが、２０１９年３月31日以前は大きく3つに大別される（表

1参照。なお、その他のビザについての表や詳細説明は割愛）。まず、最初は「技術・人文・国際ビザ」である。対象は大学卒（Bachelor）が大きな条件の一つであり、短大卒（Diploma）はまず認可されない（一部対象業種の業界試験に現地で合格した場合を除く）。過去の経験であるが、たとえ相手国で医学部に入学した優秀な人でも中退していればビザは通らないのである。また、通らなくてもほぼ100％その理由は明らかにされることはないのでなぜそうなったか確認することも、できない現状がある（今後もそうであろう）。

　弊社も同様だが多くのＩＴ技術者（設計技術者含む）はこのビザで来日し、また通

表1. 来日する外国人労働者の就労ビザ関連状況（観光ビザ以外）

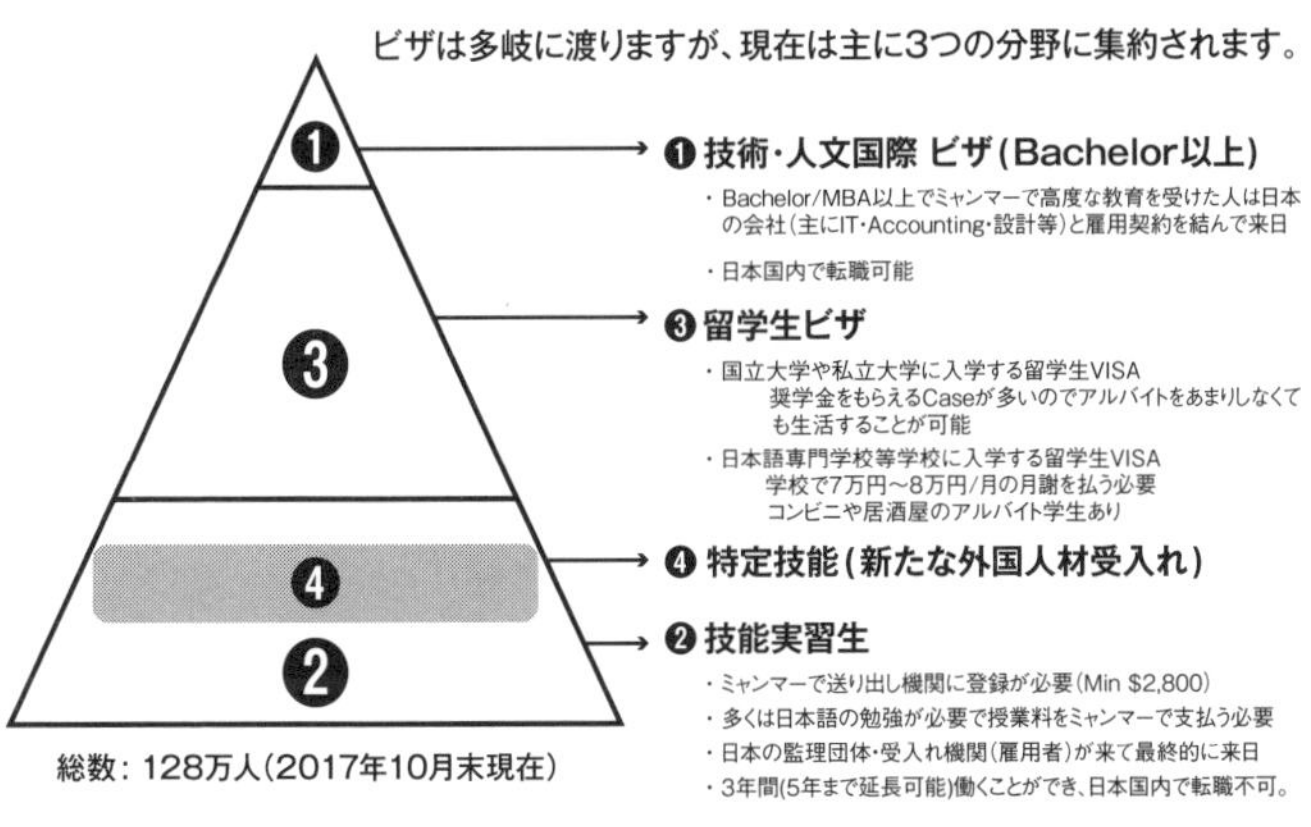
ビザは多岐に渡りますが、現在は主に3つの分野に集約されます。
❶ 技術・人文国際 ビザ（Bachelor以上）
・Bachelor/MBA以上でミャンマーで高度な教育を受けた人は日本の会社（主にIT・Accounting・設計等）と雇用契約を結んで来日
・日本国内で転職可能
❸ 留学生ビザ
・国立大学や私立大学に入学する留学生VISA
奨学金をもらえるCaseが多いのでアルバイトをあまりしなくても生活することが可能
・日本語専門学校等学校に入学する留学生VISA
学校で7万円〜8万円/月の月謝を払う必要
コンビニや居酒屋のアルバイト学生あり
❹ 特定技能（新たな外国人材受入れ）
❷ 技能実習生
・ミャンマーで送り出し機関に登録が必要（Min $2,800）
・多くは日本語の勉強が必要で授業料をミャンマーで支払う必要
・日本の監理団体・受入れ機関（雇用者）が来て最終的に来日
・3年間（5年まで延長可能）働くことができ、日本国内で転職不可。
総数：128万人（2017年10月末現在）

Copyright©2019 Global Innovation Consulting Inc. All Rights Reserved

訳や経理も資格があったりすることが条件の一つではあるが認可されることが多い。現在の仕組みでは、このビザは日本の雇用主（受入れ先）が賃金などの条件を明示した雇用契約を本人と締結したあとに、在留資格認定証明書（COE：Certification of Eligibility）の申請を入出国管理局に行うことになる。次に受入れ先企業の規模や経営状況にもよるが、本人がある一定の資格を有していれば、早くて2週間、遅くとも1.5ヶ月くらいでビザが下りることが多い。そしてCOEの取得後母国の日本大使館で最終的な許可を得る。このビザの場合、受入れ先が自ら申請する場合は行政書士の助け（費用含め）は基本必要なく多くの企業は慣れてくると自社で対応する場合がほとんどである（実際に弊社は創業以来一度も相談していない）。将来高度人財に繋がるビザのひとつであり、弊社社員は100％このビザであり、今まで一度も許可されなかったことはない。

一般的にはこのような社員は母国である程度以上の高等教育を受けているため、論理的な思考や世界に通用する常識を持っていることがほとんどで、日本に来てからも生活面含め大きな課題が発生する可能性は少ないのが一つの特徴である。その意味では「技能実習生ビザ」や「特定技能1号ビザ」で来日する外国人とはサポートという意味で一線を画する。このビザは転職も可能なので、当然会社と本人の方針が合わないことや、仕事の定義や与え方、給与含めた条件面やコミュニケーションなどで齟齬が生じると転職することもあるので、その面では社内文化や外国人を少数派にしないような人事面での工夫や対応が重要となる。

また、逆に対応する日本人側も同じようなことがいえる。例を挙げると外国人に帰省や住宅補助の制度を適用し、日本人に適用しない場合に課題が生じる。東京含めた首都圏は家賃が高く、地方（特に九州や北海道といった遠距離の場合は帰省にも費用と時間がかかる）から日本人を受入れた場合、逆差別が生じるので十分な注意が必要である。また、日本人独自と思えるような習慣（残業／有休・休暇の取得をあまりしないし、それを是とする社内雰囲気／飲みにケーション）が社風として存在する場合はトップマネージメント含めてその是非を真剣に論じる必要がある。一般的には外資系や日本以外の国は仕事の定義（Job Description）がはっきりしており、日本の伝統的な「曖昧な仕事」には慣れていないので事前にそれを伝え同意を得ることが重要である。

次は「留学生ビザ」である。これは主に大きく二つに分かれる。それは東京大学／一橋大学／東京工業大に代表される有名国公立大学や早慶を中心とした有名私立大学に通う留学生といわゆる日本語学校に通う留学生を意味する。前者の中でも特に国公立は、母国や日本から返還する必要のない奨学金を最低でも5万円／月、多いケースだと20万円／月程度を得ている場合が多い。その面ではあまりアルバイトをしなくても勉学に勤しみ、生活できる環境にある。また、首都圏においても住まいという意味では無償とは言わないまでも非常に安価で提供される。もちろん語学含めて優秀な学生が多いわけで、大手企業や外資系が狙う優秀な人材の層はここにあり、次に述べる日本語学校へ通う留学生と比較して課題は少ない。後者の留学生は課題が多い。まず一番の課題は授業料である。後述で詳細を述べるが。7万円／月～8万円／月の授業料を支払わないと日本に滞在ができず、アルバイトをしないと実質、生活ができない場合が多い。

最後は、「技能実習生ビザ」である。これは国会でもある程度の論議がされたが、根本的な課題が多いと言える。更に深く詳細な説明は後述するが、要は賃金が安く諸条件（労働環境／3K／残業代未払い）が悪い、転職ができないといったことが主要因となる。また、構造的に相手国の送り出し機関や日本側の監理団体が間に入るといったことも、ある種の不透明感を生んでいるのも事実の一つであることを認識する必要がある。

結果から言うと**筆者の考えでは「特定技能1号ビザ」はこれから来日する外国人労働者や法令遵守企業にとっては非常に良い法律であると確信している。**それはあくまでも現在特に問題があるとは思えない「技術・人文・国際ビザ」との比較ではなく、「留学生ビザ」と「技能実習生ビザ」双方との比較で論じるべきである。それら二つのビザは構造が違うため対比が難しいがそれぞれの論点や社会変化を起こす業種が違うため更に次章以降で深堀したい。

1-2 「技能実習生ビザ」の課題点

それでは、「技能実習生ビザ」はどこに大きな課題があるのであろうか？ まず表2をご覧いただきたい。ここで気が付くのは、相手国から日本に来る場合に異なるステークホルダーが多く、それが階層・構造的に存在することである。

表2. 技能実習生ビザの課題点

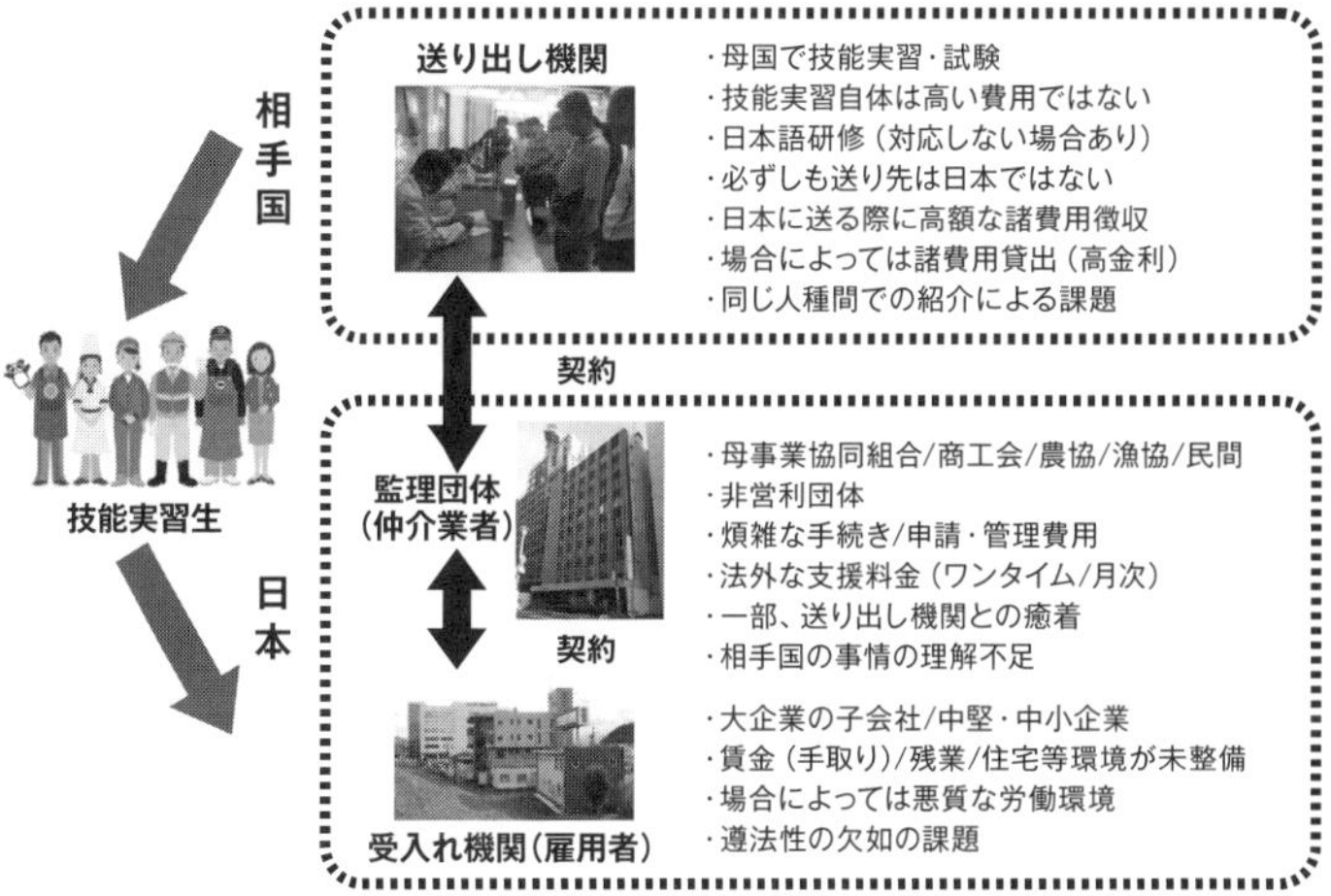

Copyright©2019 Global Innovation Consulting Inc. All Rights Reserved

そのステークホルダーとは相手国の送り出し機関・日本の監理団体（仲介業者）・受入れ機関（雇用者）の３つである。「特定技能1号ビザ」でも、最後の受入れ機関（雇用者）は存在するがその中身は大きく異なることになり、ここではあくまでも「技能実習生ビザ」の課題点を述べることにする。

次に現時点の客観的なデータ（現時点での送り出し国の人数推移及び比較）を紐解きたい。まず、技能実習生の受入れ状況は各国比較でどのような状況だろうか？ ２０１８年6月の法務省公表の統計データで、「技能実習生の在留外国人数の推移」が２０１７年12月末で合計２７４、２３３人いる。この人数は在留外国人が同時期2、５６１、８４８人なので、10・7％となる。１年前の２０１６年12月末の在留外国人が2、３８２、８２２人で技能実習生が２２８、５８８人なので、それぞれ10・8％／12・0％増加したことになり、多少技能実習生の割合が増えている。次に国別で見ると技能実習は順番に、ベトナム（１２３、５６３人：45・1％）／中国（７７、５６７人：28・3％）／フィリピン（２７、８０９人：10・1％）／インドネシア（２１、８９４人：8・０％）であり、上位3国で83・5％を占める。またこの5年間でベトナムは7・４倍／中国は△30・４％なのでこの技能実習生の状況は明らかにベトナムが主体となっていることがわかる。背景には様々な事が考えられるが、第一に中国の平均賃金が上昇し10万円以下の手取りで苦労して日本で働く必要がなかったことがあげられる。後ほど別項目で詳細に述べるが、中国の沿海部（上海／北京等）の賃金はすでに日本と大きな差異はなく、また内陸部（安徽省等）に中国政府が政策的な投資をしていることも大きな要因の一つである。

次に、技能実習生の失踪者についてである。失踪者の割合で一番多いのはネパール人で36.3%、次にスリランカ人で19.6%、3番目はカンボジアで10.6%、4番目はミャンマーで10.5%となる。ネパール／スリランカは技能実習生自体がそれぞれ、179人／341人位なので人数的に大きな問題を抱えているのはカンボジアとミャンマーであることが統計上分かる。当局は特にこの失踪者について大きく問題があると考えており、失踪者の多くが日本で違法な飲食業や風俗関連に流れているという場合もあるということで、それは個別に摘発を強めている。統計上確認ができなかったが、技能実習生において、フィリピン／タイの失踪者は少ない。あくまでも仮説だが、耐性があるかもしくは転勤ビザなど、他の形態のビザで来日していることも考えられる。

相手国の送り出し機関はそれがミャンマー・ベトナムやその他の国でも数多く存在する。ただ、単純労働で日本に行くのは現在「技能実習生ビザ」しかないので、多くの機関は日本に特化してビジネスをしているわけではない。ベトナムでは日本特化の傾向がいくつかの現地企業でされており、日本語の教育を併せて提供しているところもあるが、それは他国含めた全体でみると特殊な傾向ともいえる。

現にミャンマーの送り出し機関の責任者と会議を持ったことはあるが、要は彼らとしてみれば「日本語を覚えさせるのは投資の点でも手続きでも面倒くさい」のではないだろうか？　もちろん、ミャンマーでは送り出し機関は外資が認められていないので、何らかの手段で許可を上手く取った〝俗に言う〟日系企業以外の現地企業では「日本への紹介ビジネス」自体が現時点においてさほどの旨味がないのかもしれない。

英語の能力でミャンマー人はフィリピン人よりは優れていないがアセアンでは比較的優位に立っている。その点ではシンガポール・中東・韓国といった国に行く場合は特に英語教育を改めてする必要はなく、その国毎の受入れ基準に合格すれば良いのである。あくまでも私見であるが、逆にベトナム人はミャンマーのその層と比較して英語はできないことが多く、日本・日本語に特化したほうが良いのかもしれない。

またミャンマーでの調査では事前に送り出し機関で技術スキルを取得する費用についても確認したが、実はけっして高いものではない。期間や技術の内容・レベルにもよるが数か月～半年で宿泊・食事付きとして日本円で五千円～一万円／月くらいであり、概ね5人家族で8万円／月～10万／月（ヤンゴン）くらいの世帯収入から比較するとリーズナブルな費用ともいえる。

ただ、実質的な課題はそこではない、教育後日本に来るのに2、500USD費用（ベトナムは3、500USD）がかかるのと、それすらないミャンマー人に高利（～20％）で資金を貸すところにある。金銭的な感覚が日本の物価感と現地のそれが1：10とすると、技能実習生は約300万円の借金を背負うことになる。同様な仕組みは他国でもあり、借金漬けで日本や他国に行くわけであり、それを日本にいる間に返金しなければならない。

また、ここで現地の悪質な紹介業者の存在がある。免許を所有するしないに拘わらず日本の監理団体（仲介業者含め）や受入れ機関（雇用主）と関与する場合もままある。紹介業は稼ぎやすい仕事なのだが、日本人が外国人を騙すことはほとんどなく、むしろ、同じ国の人が同じ国の人を騙すようなことが横行している。理由は単純で言葉や習慣上同じ国の人同士のほうが他の国の人より信頼関係の構築に時間がかからないからである。中には日本で仕事をしたい外国人に対して、登録料を取るような商売も横行しており、それら含めて課題が大きいといえる。

次に、日本の監理団体（仲介）の課題である。もちろん政府に認可されているわけなので事業協同組合／商工会／農協／漁協／民間といった非営利活動法人が母体である。ただ、独自で雇用主が個別登録をして組合の実質上運営をしていることもある。そのような形態の会社にインタビューを行ったが、非常に良心的な企業も当然それなりに存在する。雇用主としても賃金はその業種として日本人と同じであり、帰省費用も１回／年、負担し失踪者も当初から一度も出していない。一つそのような形態の組合で指摘されていたのは組合側で「技能実習生ビザ」の手続きの書類が多岐に渡り一人を申請するのに10㎝くらいの幅のバインダーが必要という事実だった・・・。それらの手続きが煩雑でもあり、通常受入れ機関（雇用者）から３万～４万５千円／人・月の管理料金を徴収して成り立っていることが多いようだ。

つまり受入れ機関（雇用主）から見ると直接雇用でないために余分な費用を支払っていることになり、外国人労働者の月給に影響を与えることになる。また伝統的な産業（農業／漁業／規制の多い業態・業種）においてはその組合や各種団体と受入れ機関（雇用者）の関係が非常に強いので、ある種の参入障壁を築いている場合もある。例外も勿論あろうが、相手国に何らかの拠点がある場合は少なく、現地事情に疎い場合が多いため、結果的に相手国の送り出し機関としか情報のシェアができず、彼らの言いなりになるようなケースも少なくない。また、別の組合で話を伺ったら、政治家に献金をしているので各種免許の取得や情報収集には問題ないとの意見も実際に存在した。献金自体の是非を問う考えは一切ないが、今回の法案の成立にあたり、事前に色々な観点で調整や議論がされていたこと自体が想定される。

最後に受入れ機関（雇用者）である。大企業の子会社／中堅・中小企業が主にその対象である。賃金（手取り）／残業／住宅など、環境が未整備な場合や悪質な労働環境、そして遵法性の欠如といった課題は国会で論議された通りである。ただ、大企業の子会社を除き、ビジネスモデル上賃金がそれほど支払えない場合もあり、それを社会的な観点で論ずるのは多少の無理がある。また、賃金や環境含め同業種の日本人と同じ条件の会社も過去の経験上数多くあるのも事実である。ただ、経験上それらの優良企業はすでにこの20年以上前から海外（特に製造業はフィリピンや自動車製造業の拠点が多数あるタイが多いと感じる）に進出し、その目的は人材確保の傾向も強い。ビザの項で述べなかったが会社を海外に設立した場合は、「転勤ビザ」という方法があり、それで人材確保に成功している企業はそれが地方にあっても素晴らしいビジネスモデルを持ち、自社で社員寮を設立していること含めよく事情はわかった。

この項のまとめとして、次のことをあげたい。特に単純労働に近い業種・仕事ではビジネスモデル上、それは日本人・外国人を問わず賃金についてては、ある金額以上出すのは困難であるということである。つまり受入れ機関（雇用主）の一人当たりのコストには損益分岐点があり、そこは変更するのが難しく、その中身の配分を変えるしかない。人がいなければ基本企業は成り立たないので、モラル・モチベーションの高い人が必要であれば採用コスト（紹介や仲介料金）や運用コスト（外国人のサポート料金）を下げて、本人の給与を上げるのが正道であるということとなる。技能実習生の多くが、10万円／月ほどの給与しか支給されず転職不可であるため、失踪するのはその構造自体に大きな課題があるという認識をしなければならない。現時点では最低でも手取りが15万円／月でないと「特定技能1号ビザ」で来日した外国人労働者が転職する確率が高まるであろう。要は仕送り／生活費／住居費というコストを考えると生活が厳しいからである。

1-3 外国人留学生ビザ（主として日本語学校）の課題点

先に述べたように外国人留学生ビザは主に日本語学校に在籍している学生に課題がある。まず表3をご覧いただきたい。例外もあろうが時系列的にまず仕組みを述べることにする。もちろん海外には多くの日本語学校があり、営利も非営利もある。ここでは前者の営利目的の日本語学校に絞って論議をしたい。その経営者の種類はいろいろなパターンが存在するが、日本でその国の語学を大学で専攻したあとに日本語教師の資格を取り、元々興味があった当該国で日本語学校を開くケースや、色々な国を数年で渡り歩

表3. 技能実習生ビザの課題点

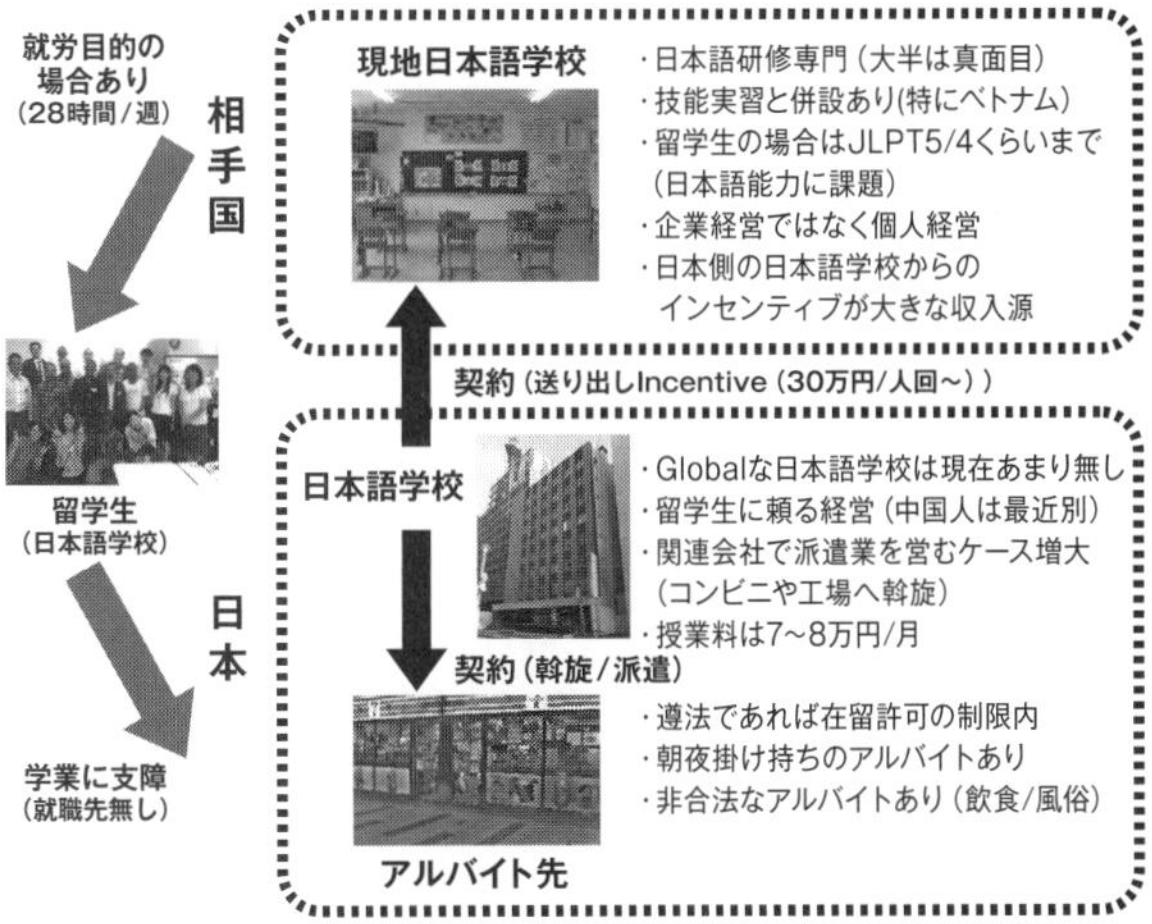

Copyright©2019 Global Innovation Consulting Inc. All Rights Reserved

くケースなど様々だが、筆者の経験としてその多くは個人経営から会社経営に変わる場合が多い。つまり元々日本語学校の経営がしたかった訳ではなく教師として外国人（子供含め）に日本語を教えることに興味があり、その延長戦上で会社経営になっていくことが多いのである。一長一短はあろうが、教師としてはプロフェッショナルでも、経営としてはそうでないケースも当然ながら存在する。通常は日本語学校専門が多いのだが、特に近年ベトナムでは技能実習やITといった専門分野を行うと同時に日本語学校の機能を追加しているケースもある。

日本語の能力はベトナム／タイ／カンボジアといった日本語と文法の語順が違う場合は日本語能力試験（通称JLPT：Japanese-Language Proficiency Test）を母国で4級程度まで習得し、日本側で3級程度から習う場合が多い。今回試験が実施される9か国では仕組み上、1〜2回／年の試験（7月／12月）がすでに行われており、これは日本でも同様に2回／年実施されているので14の業種について監督官庁の違いに拘わらずJLPT4級を一つの資格として認定している（※あと一つの方法は、同じ9か国で実施される実施主体が独立行政法人国際交流基金、実施方法はコンピューター・ベースド・テスティング（CBT）方式、そして実施回数は年おおむね6回程度のもの）。

日本語能力で聞いたり・話したりの習得スピードが速いミャンマー／ネパール／スリランカ／モンゴル／バングラデシュなどは母国で３級の能力くらいまで身に着けて来日する場合も多い。講演でよく話す論法でもあり、乱暴かつイメージ的な話で恐縮だが、ＴＯＥＩＣに喩えるとＪＬＰＴ４級はＴＯＥＩＣの４５０点くらい、ＪＬＰＴ３級はその６００点、ＪＬＰＴ２級は７３０点、ＪＬＰＴ１級は８６０点のような感じである。更に言うならコンビニや外食の店員はＪＬＰＴ４級くらいだが、ＩＴではＪＬＰＴ３級のレベルでは厳しく、ＪＬＰＴ２級がないと業務分析的な局面では対応が難しい。ちなみに弊社の日本の社員は80％以上がＪＬＰＴ２級（ＪＬＰＴ１級も30名弱）を有しており、残りは全員ＪＬＰＴ３級である。

逆にＴＯＥＩＣ４５０点くらいの日本人が海外（特に母国語が英語）で仕事をする場合はかなりそれが厳しく、最低でもコミュニケーションではＴＯＥＩＣ６００が最低ラインである実態から、ＪＬＰＴ４級レベルの外国人は日本でコミュニケーションもままならないのは容易に想像ができるであろう。日本に来てからも語順というのは一つの鍵であり、分かりやすいのは例に挙げたミャンマー人／ネパール人／スリランカ人／モンゴル人／バングラデシュ人は一般の人でも流暢な日本語をしゃべることに気が付く。特にミャンマー人は135とも呼ばれる民族に分かれており、日本人と肌の色が違わない場合も多々あるので外国人と見間違わない場合も数多く存在し、それはもちろん戦前からそうである。

日本語専門の外大出身でもない場合は母国でＪＬＰＴ1級を取得することはかなりの難易度が高いといえる。ただ中国についてはアルバイト目的で日本に行くケースが少なくなっており、日本と漢字文化といった点では同等なのでＪＬＰＴ2級程度を習得してから日本には最終的に大学に入ることを目的で勉強するケースが増加している。過去との比較だが、諸状況もあり中国の人はアメリカに行くのが難しくなっているため日本の大学をその代替で選択するような傾向は明らかに増加している。

日本にある日本語学校が現地の日本語学校にインセンティブを支払っているケースも散見される。というのは、日本にある日本語学校としてみれば留学生は大きな収入源なので現地の日本語学校から留学生を送り出した場合に20万円／月～程度のキックバックを行っているのである。これは直接留学生の収支に影響するものではないが、国や地域によってお互いのパートナーシップを構築しているビジネスの現状がそこにある。

それでは日本にある日本語学校の現状はどのようなものであろうか？ 一般財団法人 日

本語教育振興協会のデータによるとピーク時で463あった日本語学校は平成29年には285まで減少している。逆に生徒数は50,982人まで増加しているので淘汰と大規模・寡占化及び専門化が進んでいると想定される。特に専門化という意味では結果的に人種ごと（例えばミャンマー人中心だったり、ベトナム人中心だったりする）に学生を構成するような学校も存在する。現実的に沖縄の那覇には多くのネパール人の留学生がおり、ミャンマー人についても全国各地にそのような特徴を持った日本語学校が存在する。また日本語学校も利益率向上のために兼業で派遣事業を営むことが多々あり、コンビニや中堅・中小の製造工場に斡旋をしている場合もある。

それでは留学生そのものはどのような状況であろうか？ 統計データ上では日本語学校に在籍している外国人の割合で多いのは中国（27,758人）／ベトナム（26,182人）／ネパール（6,650人）／スリランカ（3,587人）であり、ここで母国の人口を考慮に入れるとベトナム人／ネパール人／スリランカ人が相対的に多いことになる。いろいろなところで同様の話を聞いているが、ネパール人／スリランカ人については「技能実習生ビザ」での失踪者が多いためそれが「留学生ビザ」に流れているのかもしれない。

また、東京で生活するならば最低10万円／月程度の生活費が必要なのと授業料で7万円／月〜くらいかかるので20万円／月くらいの収入を得る複数のアルバイトをしているケースが多い。部屋はシェアが多く、2〜3人で共同生活をしている。ここで法令では28時間／週（夏休みなど長期休業期間中は40時間／週まで）の制限があるアルバイトをすると、多くて時給1、000円／時間なので、ある外食産業で働いた場合112時間／月とすると11万2千円／月なので、当然それでは生活をすることは厳しい状況である。在留許可という意味では、勤務する会社が法令を遵守すればするほど、この月の労働の時間数が政府当局に分かるようなシステムに既に移行していており、帰国時にそのバイオレーションが判

表4. 技能実習生／留学生（主に日本語学校）課題点のまとめ

	技能実習生	留学生	注意事項
❶賃金	×	○	技能実習生の手取りは10万以下
❷転職	×	NA	技能実習生の失踪は社会問題
❸労働時間制限	NA	△	アルバイトは28時間/週
❹法令遵守	△	△	留学生アルバイトはほぼ適法
❺相手国送り出し機関	△	NA	悪質業者の見極めが困難
❻監理団体	△	NA	悪質業者の見極めが困難
❼現地日本語学校	NA	○/△	大半の会社は問題無
❽日本語学校（日本）	NA	○/△	大半の会社は問題無

Copyright©2019 Global Innovation Consulting Inc. All Rights Reserved

明した場合は再度日本で就労することが難しい。つまり、例えば法令遵守をしていない居酒屋などで働けばその時間数は分からないので多重のアルバイトで生活費を稼ぐことが常態化している学生もいるのである。

この項の最後として表4をご覧いただきたい。これまで述べた通り、「技能実習生」と「留学生」ビザの課題点は前提とした環境や種類が違うということを明確に理解することが重要である。特に課題があるのは技能実習生ビザと思われるが、「特定技能1号」ビザの施行によってそれら二つのビザに大きな影響を与えるという事実も考えなければならない。

2

「改正出入国管理法」の内容とその理解

2-1 特定技能1号と技能実習生ビザの違い

まず表5をご覧いただきたい。右側は2-2の項（表2）で従来の「技能実習生ビザ」の流れをそのまま記述したもので、左側は「特定技能1号ビザ」の流れを示している。非常に重要な変化のポイントは大きく下記4点となる。

①受入れ機関（雇用者）の直接雇用が原則（農業／漁業は派遣も可能）

②当該業界の日本人と同じ雇用条件（給与／待遇／労働環境／etc.）で在留期間は5年

表5. 特定技能1号と技能実習生ビザの違い

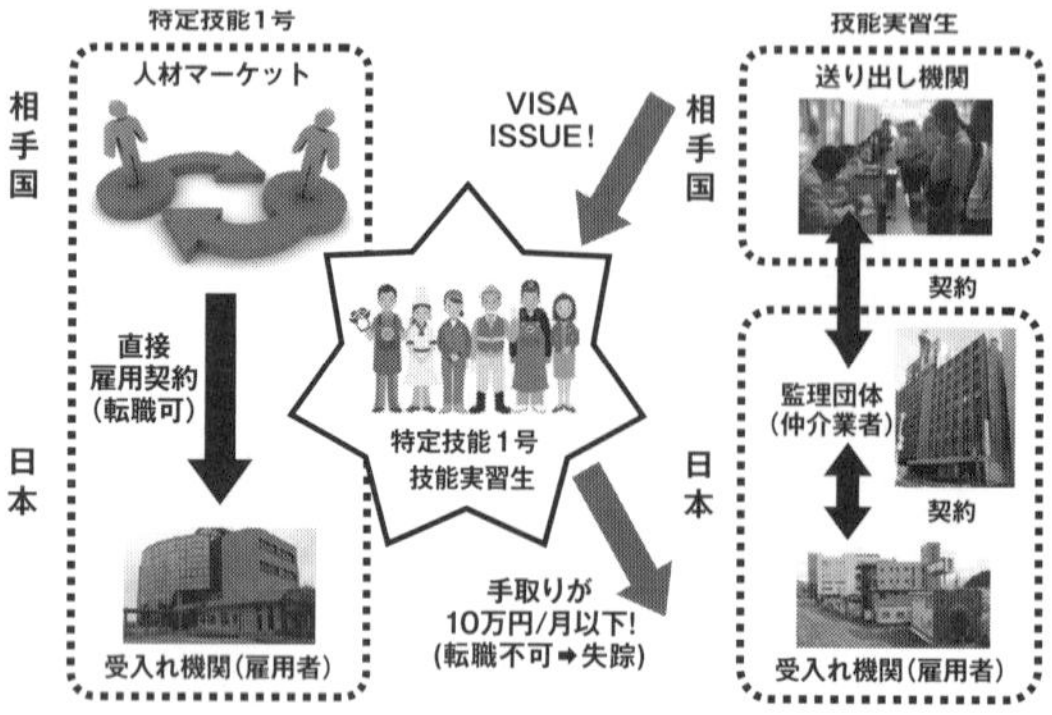

Copyright©2019 Global Innovation Consulting Inc. All Rights Reserved

③同一業界内で転職可能（技能実習生ビザは転職ができない）
④「技能実習2号」所有者は日本語／専門分野の試験無しで「特定技能1号」習得可能

つまり、受入れ機関（雇用者）は、法令を遵守する前提で受入れ環境を含めた直接雇用の能力が十二分にあれば、今までの送り出し機関や監理団体の助けを得ずに「特定技能1号ビザ」を取得した社員を直接採用できることになる。それは弊社がミャンマーのＩＴ業界の新卒雇用で行っている現在のモデルそのものとなる。現時点で大別される3つのビザの項で述べたが、後述する今回認可される14の業種においては、今までの「技術・人文・国際ビザ」のような方法で採用が可能となるのである。違いは業界ごとに多少異なるが日本語（ＪＬＰＴ4級程度が多い）とその業種個別の試験に合格している人材が対象となり、学歴などは問われない。また④にある通り、特に中国／ベトナムに多い「技能実習2号」取得者はそれをするかどうかは別問題であるが、今後有利に来日が可能となる。ちなみに「技能実習2号ビザ」は来日3年で取得可能である。

2-2 新在留資格（外国人材受入）のポイントについて

更に今回の新在留資格（特に「特定技能1号ビザ」）について深く見ていくことにする。

まず、施行は2019年4月1日であるが、受入対象分野は介護▽外食▽ビルクリーニング▽宿泊業（T2）▽建設（T2）▽農業（派遣可）▽飲食料品製造業▽素形材産業▽造船・舶用工業（T2）▽産業機械製造業▽電気・電子情報関連産業▽漁業（派遣可）▽自動車整備業（T2）▽航空業（T2）の14業種である（注：T2は「特定技能1号」の先の「特定技能2号」が論議されている）。技能試験は業種ごとに異なり、2019／4～2020／3までそれぞれ個別に設定することが発表されている。通常「技術・人文・国際ビザ」であれば、当局での申請の混み具合によっても異なるが、ビザ取得にかかる期間は2週間～2か月なので、当初はある程度の混乱が想定されるが、国外で試験を受ける場合は2019年の7月前後くらいに「特定技能1号」に合格した人が来日するであろう。

資格試験は国外で9か国（現時点で中国／ベトナム／ミャンマー／ネパール／タイ／モンゴル／インドネシア／フィリピン／カンボジア）、国内は10か所（発表当初は外食産業が留学生関連の状況もあり、いち早く国内での試験を表明していたようだが、現在はビルクリーニング／宿泊業／農業／飲食料品製造業／漁業／航空業）が想定されている（他業種も同様に検討中）。また、建設業／造船・船舶工業／自動車整備業は国内でそれなりに階層構造での単純労働者を含めた日本人向けの資格試験が構築されており、日本国内からの移行についてはある程度それまでの資格試験を活用する仕組みを取っているようである。資格試験は日本語とそれぞれの業種の専門試験の二つで構成され、日本語については前述した通り、14の業種すべて共通で従来国内外で実施されているＪＬＰＴ４級以上か日本語能力判定テスト（ＣＢＴ）方式のどちらかの資格取得が基準となっている（専門試験については当然業種によって異なる）。また、受入れ規模は業種ごとに政府予測が出ており、季節変動が大きい農業／漁業の二つの業種は直接雇用以外に派遣での受入れも可能である。

これらの観点をまとめると表６のようになり、業種ごとに考えるべきポイントが違っていることがよく認識できる。特に専門試験（技能試験）はその業界そのものの体質や状況、そしてこれまでの外国人労働者や単純労働者の雇用や人材の品質面の業界全体での管理実態を物語っており、非常に興味深いものがある。また、ここで次に社会変化を踏まえてカテゴライズを考えた場合、受入れ規模と現在の技能実習生の受入れパーセンテージで分析が可能である。それが表７に示すもので上下は最大の受入れ規模が大きいものとそ

試験開始				特定技能2号への移行検討対象	派遣可能	その他特記事項
2019/4~	2019/9~	2019/秋~	~2020/3			
○						・訪問介護は対象外 ・3年間介護かつ介護福祉士の免許取得で【介護】の在留許可を検討
○						・接待/飲食等営業などの禁止 ・技能試験は現地語で公募により選定した民間事業者が実施 (学科試験及び実技試験)
		○				・建築部内部の清掃 ・技能試験は日本語で公益社団法人全国ビルメンテナンス協会で実施 (実技試験)
○				○		・接待の禁止 ・技能試験は日本語で一般社団法人宿泊業技能試験センターで実施 (筆記及び実技試験)
			○	○		・国土交通省による「建設キャリアアップシステム」の導入検討 ・技能試験は日本語で主に国土交通省が国土交通省が試験機関として定める建設業者団体 (学科試験及び実技試験)※他レベルによって国内試験は多種 ・特例措置により日本国内在住でも技能実習2号から特定技能1号に変更可能
			○		○	・日本語要件の緩和検討 ・農業技能測定試験は耕種農業全般と畜産農業全般に分かれ、現地語及び日本語で平成31年度一般予算成立後に公募により選定した民間事業者で実施
	○					・技能試験は現地語で公募により選定した民間事業者が実施 (学科試験及び実技試験)
			○			・技能試験は現地語で主に経済産業省が選定した民間事業者 (学科試験及び実技試験)
			○	○		・技能試験(造船・舶用工業分野特定技能1号試験)は日本語で一般財団法人日本海事協会 (学科試験及び実技試験)※技能検定3級は都道府県で実施 ・特例措置により日本国内在住でも技能実習2号から特定技能1号に変更可能
			○			・技能試験は現地語で主に経済産業省が選定した民間事業者 (学科試験及び実技試験)
			○			・技能試験は現地語で主に経済産業省が選定した民間事業者 (学科試験及び実技試験)
			○		○	・漁業技能測定試験は漁業と養殖業に分かれ、日本語(ひらがな、カタカナまたはふりがなを付した漢字)で平成31年度一般予算成立後に公募により選定した民間事業者で実施(筆記及び学科試験) ※漁業に3年以上従事した経験を有する者は実技試験を免除
			○	○		・技能試験は日本語(必要に応じてルビを付す)で一般社団法人日本自動車整備振興会連合会が実施(筆記及び実技試験) ※自動車整備士技能検定試験3級は日本で実施
			○	○		・技能試験は日本語で公益社団法人日本航空技術協会が実施(筆記及び実技試験) ※航空分野技能評価試験は空港グランドハンドリングと航空機整備の2種類

表6. 特定技能1号対象業務のカテゴリー/技能実習生からの移行

NO.	カテゴリー	特定技能1号対象業種	監督省庁	受入規模(5年間:最大)	技能実習2号から想定される移行	技能試験		日本語試験	
						国外	国内	国外	国内
1	A. 受入規模が大きく、技能実習制度での移行が無いか少数の業種	介護	厚生労働省	60,000	×	6回/年	未定	6回/年(CBT) or 1~2回/年(JLPT)	2回/年(JLPT4)
2		外食	農林水産省	53,000	×	2回/年	2回/年		
3		ビルクリーニング	厚生労働省	37,000	△	1~2回/年	1~2回/年		
4		宿泊業	国土交通省	22,000	△	概ね2回/年	概ね2回/年		
5	B. 現在ある程度技能実習制度での受入・定着がありその点では政策がうまくいっている業種	建設	国土交通省	40,000	◎	1~2回/年	日本での既存試験/資格活用		
6		農業	農林水産省	36,500	◎	2~6回/年	随時実施		
7		飲食料品製造業	農林水産省	34,000	○	10回/年程度			
8		素形材産業	経済産業省	21,500	◎	1回/年	検討中		
9		造船・船舶工業	国土交通省	13,000	◎	随時/年	日本での既存試験/資格活用		
10		産業機械製造業	経済産業省	5,250	◎	1回/年	検討中		
11		電気・電子情報関連産業	経済産業省	4,700	◎	1回/年	検討中		
12	C. 受入規模も小さく技能実習制度での移行が半分程度までの想定業種	漁業	農林水産省	9,000	△	最大3回/年	実施予定		
13		自動車整備業	国土交通省	7,000	△	1回/年	日本での既存試験/資格活用		
14		航空業	国土交通省	2,200	×	数回/年	数回/年		
合計				345,150					

Copyright©2019 Global Innovation Consulting Inc. All Rights Reserved

うでないもの、左右は現在の技能実習生の移行を想定したものであり、左が小さいもの右が大きいもので、それらをマッピングした。例をあげると外食産業は「技能実習ビザ」で就労している外国人は0%だが、今後最大で53,000人が想定されている。ここでは便宜上これらに相当する4つの産業をカテゴリーAと呼ぶ。次にすでに技能実習生を多く受入れている建設業については最大受入れ規模が40,000人と大きいが、「技能実習生ビザ」からの移行は90~97%で想定されている。これらの業種をカテゴリーBと呼び、対象は7業種である。

表7. 14業種の最大受入れ規模/技能実習生移行でのマッピング

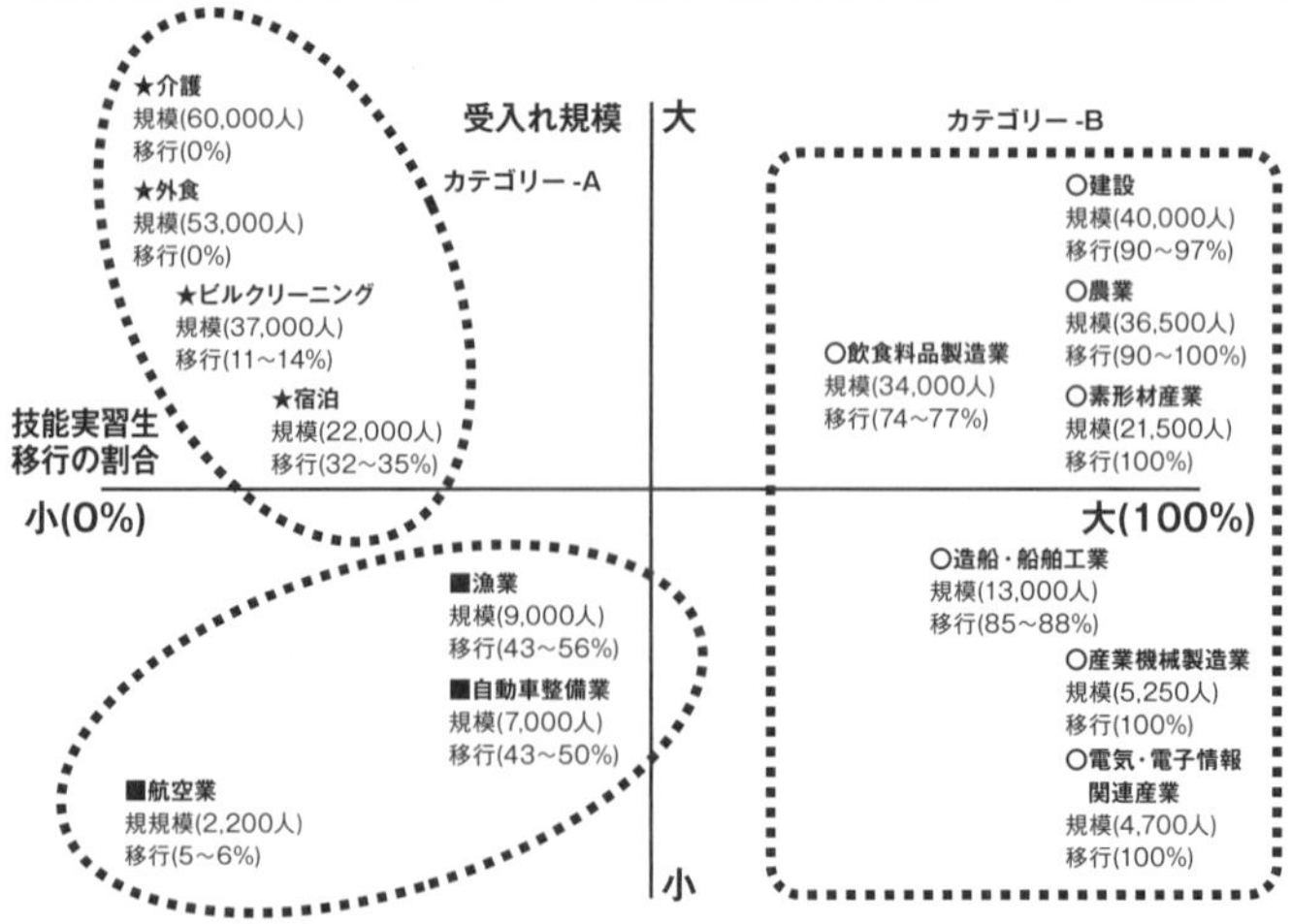

Copyright©2019 Global Innovation Consulting Inc. All Rights Reserved

最後に受入れ規模が少なく技能実習生からの移行も小規模であるものをカテゴリーCとして対象は3業種である。それはカテゴリー分けすることで産業構造の変化の仮説検証をする際にその理解を促す狙いがある。

それでは次の項からそれぞれのカテゴリーについて定義／業種／雇用状況／受入れ状況を述べていくことにする。ここでは特に業界・業種で聞き取り調査を行った現況をまとめたものを述べることにする。

2-3 カテゴリーAの定義／業種／雇用状況／受入れ状況

① 定義：受入れ規模が大きく、技能実習制度での移行がないか少数の業種

② 業種：介護／外食／ビルクリーニング／宿泊

・技能実習生が0％（介護／外食）／～11％（ビルクリーニング）／～35％（宿泊）

・特定技能試験は2019／4～実施（ビルクリーニングは2019／秋以降）

・宿泊業は特定技能2号を検討（中長期での雇用を視野）

・訪問介護は対象外（介護）

・外食／ビルクリーニング／宿泊は留学生からのビザ切り替えが可能（特に大手が有利）

③ 雇用状況や外国人材の受入れ状況

・業界自体が低賃金／長時間労働（残業）の体質を抱えている場合が多い（特に中堅・中小規模）

・介護については専門性が高いとされ、経済連携協定（略称EPA：Economic Partnership Agreement）以外の受入れなし。看護師・介護福祉士候補者について日本政府はベトナム・インドネシア・フィリピンとEPAを締結し受入れを行っている。ただ、これらの国は日本語と語順が違うことに関係する日本語習得の難易度の高さと来日後の業務多忙などの理由によりその習熟の過程自体に大きな課題があり、実際に日本で許可された滞在期間で資格を習得する割合が当初想定より少なく、そもそもの仮説（日本語習得のスピード感の設定）に関係があるかもしれない（介護）。

・外食／宿泊の外国人労働者については基本的に大半に留学生（アルバイト：28時／週の労働制限あり）を活用。また、高い離職率（一般で30％／若年層で50％）やジョブホッピングいった業種固有の課題あり。また、大手外食チェーンはすでに10,000人とはいわないが多くの外国人留学生をアルバイトとして受入れており、生産性を上げているとはいえアルバイトなしでは対応できないのが現実の一つであ

る。（外食／宿泊）
・中高齢者・女性での対応が主で一部大手を除き、海外での人材の採用・雇用経験なし。特にビルクリーニングでのお客様は宿泊業が主であることも多いため、基本アウトソーシング（派遣業）で業務を遂行している。なお、技能実習生についてはベッドメーキングも認可済。（ビルクリーニング）。

2-4 カテゴリーBの定義／業種／雇用状況／受入れ状況

① 定義 ：現在ある程度技能実習制度での受入れ・定着がある業種
② 業種 ：建設／農業／飲食料品製造業／素形材産業／造船・船舶工業／産業機械製造業／電気・電子情報関連産業
・当初は技能実習2号からの移行が主な対象と想定
・農業については派遣も可能
・特定技能試験は~2019／3迄の実施（飲食料品製造業は2019／9以降）
・建設／造船・船舶工業は特例措置で特定技能2号の国内移行を決定、「特定技能1号ビザ」も日本での既存試験／資格活用可能。つまり中長期での雇用が視野であり、現行日本で滞在している場合は本来日本人を想定していた各種試験を外国人労働者も受験することでスキームを確立（建設／造船・船舶工業）

・政策面では技能実習制度がある程度うまくいっている業種。

③雇用状況や外国人材の受入れ状況

・挑戦／優良企業は20年以上前から海外に工場移転を行い、「技能実習生ビザ」や「転勤ビザ」を活用して多くの外国人労働者の受入れ実績あり（各種製造業大手・産業界製造業）

・逆に、中堅中小の多くの製造業は資金や人材的な課題で海外展開が遅れており、低賃金・残業未払いなどの多くの労働問題が発生（各種中堅・中小製造業）

・大手電子部品産業（地方）での事例ではあるがビザの縛りのない日系人を大量雇用して人材不足の需要に対応（特に電子部品産業の各種製造業）

・企業数が集約され日本での労働者不足（３Ｋ含め）や需要減退により、帰結的な海外拠点展開を20年以上前から行っており既に技能実習生を多く受入れ（造船・船舶）

・重労働のため、日本人の作業者が枯渇。すでに技能実習生の存在がなければ事業に大きな影響を与えるレベルまで人手不足が深刻化（造船・船舶・農業）

・下請け（子会社含めた）の伝統的な階層構造を持つ。親会社本体は俗にいう博士・修士と言った高度人財の受入れを行い、子会社では単純労働者を「技能実習生ビザ」で雇用する形態を持つ。特にベトナム人男性社員をそのビザで受入れる傾向あり（特に建設）

・首都圏のコンビニ対応の総菜含めた早朝からの業務はほとんど「技能実習生ビザ」での外国人労働者での対応。工場は最低賃金が高い東京ではなく、その周辺の埼玉・千葉・神奈川に拠点を持つことが多い。また、ハムなどの加工業は全国レベルから地方単独に至るまで、外国人技能実習生を積極的に採用（食料品製造業）

・技能実習生の失踪者数は全体で7,089人（2017年）と過去最多を更新（農業）

2-5 カテゴリーCの定義／業種／雇用状況／受入れ状況

①定義：受入れ規模も小さく、技能実習制度での移行が半分程度までの想定業種

②業種：漁業／自動車整備業／航空業

・技能実習2号からの変更は半分程度（漁業／自動車整備業）

・漁業については派遣も可能

・航空業は技能実習生からの移行が6％程度（今後は特定技能1号）
・特定技能試験は～2019／3までの実施
・自動車整備業／航空業は特定技能2号を検討（中長期での雇用が視野）
③雇用状況や外国人材の受入れ状況
・従来は団体管理型が95％で企業単独型が5％（自動車整備業）
・従来は日本人での雇用が原則（航空業）
・産業としては規制が多く、元々外国人の参入障壁が高い業種。試験や資格などは日本語の能力が高くないと実質合格しない。日本での資格取得支援が当然必要（自動車整備業／航空業）
・日本人漁業従事者は30％減少。ただ、産直含め業界構造が近年大きく変化（漁業）
・2018年、ANAでミャンマー人技能実習生受入れ開始（航空業）
・専門学校以上の人材が厳しいため地方含めた高校生採用も積極的に実施（大手自動車整備業）

2-6　「特定技能1号ビザ」の受入れ条件

「特定技能1号ビザ」の受入れ条件については表8を参照されたい。ここでは試験を受けて「特定技能1号ビザ」を取得しようとしているミャンマー人の立場に立った記述をしている。またミャンマーでの事例をあげているが今回国外で試験が実施される他国(ミャンマー以外の8か国)でも基本同様である。まず自分の目指す職種が14の対象業種に入っているかどうかを確認する必要がある。そうでなければ他に日本に行く手立てはないので、他国(シンガポール／韓国／中東／ドイツ／中国など)に行ったほうが良いと思える。また日本人の経営者の立場に立てばこの14業種に漏れていればほぼ単純労働者を来日させるのは「技能実習生ビザ」でしかなくなる。まず、日本にいずれかの理由で滞在している「技能実習2号ビザ」の保持者も今回の発表で技能試験及び日本語試験は免除により在留資格変更許可が可能である。次に過去日本に行って現在母国で「技能実習2級」の資格を有しているかが重要である。中国・ベトナムは比較論としてミャンマーよりはるかにこの資格を有している人数やそのパーセンテージが多いので、日本の雇用主と直接コンタクトできてその能力を認められれば日本語や技能の試験なしで「特定技能1号ビザ」を取得できる。またその際に特に過去の職場を気にして戻る必要は全くない。純粋に雇用条件（給与／各種手当／労働条件）がお互いに合えば良いのである。また、来日後合意・提示条件に齟齬があれば同一職種に転職可能なので「技能実習生ビザ」と比較してはるかに自由度が高い。雇用主側も同様で仮に条件面で偽りがあって転職した場合は、フライト費用や諸経費が無駄になるので万全の準備や対応が必要である。なお、来日の条件であろうが、従来の個人負担という概念がなくなる可能性が高い。原則はあくまでも雇用主がフライト費用や諸経費を支払うのであり雇用主は他社との競合関係の中でその他

表8.「特定技能1号ビザ」の受入れ条件（例: ミャンマー）

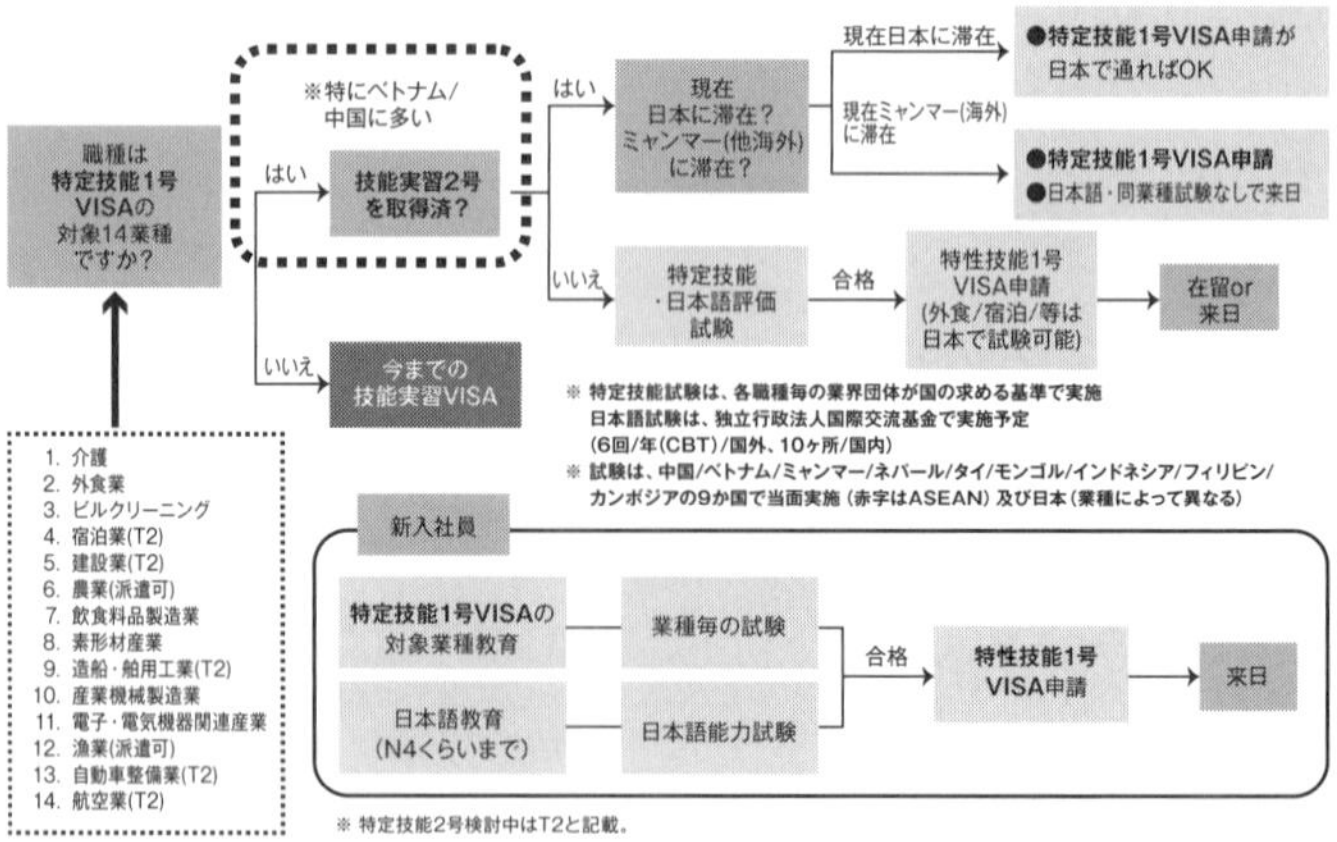

Copyright©2019 Global Innovation Consulting Inc. All Rights Reserved

の住宅費といった負担も格段に増えるのである。その意味では先述した通り、相手国の送り出し機関や日本の監理団体に支払う費用はなくすか少なくするしかない。また、社内の受入れ組織もある程度自社対応する必要性が出てくるのである。

次に現在「技能実習2号」の資格がない場合でも該当業種において母国で日本語・技能の試験が合格して、日本の雇用者が見つかれば理論的には来日が可能となる。従来の母国での人材登録業者が本人からその登録料金を受け取るビジネスは異業種からの参入により状況が厳しくなることが想定される。日本語学校の卒業を条件として日本で「特定技能1号ビザ」の資格を取れば就労可能なので、例えばアルバイトで外食産業に勤務して雇用主から一定以上の評価があれば正社員にビザを転換できる可能性もある。逆にコンビニや運送業といった今回14業種に選ばれず、同等の人手不足状態で外国人留学生（アルバイト）を多用している企業は留学生が日本国内で転換可能なビザ対象の外食産業他の「特定技能1号ビザ」に流れる可能性が高いともいえる。

通常、グローバル企業や日本と違い海外では新卒を採用する文化が存在しない。フルタイムかパートタイムそしてインターンといった至ってシンプルな採用システムであり。新卒はどの業界もインターンで入ることが多い。

多少横道に逸れるが、多少の参考になると考えるので弊社の本業及びビジネスモデルについて簡単に触れたい。本業はＩＴであるが、現時点でそれは主に3つに分類される。ミャンマー・フィリピン・アメリカでの海外進出コンサル・日本でのミャンマー人バイリンガルＩＴエンジニアの派遣や請負・ミャンマーでのシステム開発（オフショア）及びミャンマー人の有料職業紹介の3つである。特にミャンマーでは7年間連続でＩＴ人材に焦点を絞った「新卒就職フェア」を10月第一週にヤンゴン／マンダレーで開催し、ＩＴ分野での経験・知識といった点含め他社のコンサル会社の追随を許していない。なぜならＩＴ分野では、お客様と対峙する際に相応の専門知識が必要であり、俗にいう業界のＩＴ用語を主催者側が正確に理解していないと対応ができないからである。ちなみに新卒ＩＴ人材は62大学約１０、０００人が卒業し、本年度は約2、０００人が申し込みを行い、1、３００人が受験をしている。そして協賛含めて日系ＩＴ会社が15社参加され、１５０名以上の採用となっている。合格した社員はお客様と直接雇用契約を締結し、弊社のヤンゴン／マンダレーでの日本語学校とＩＴ教育の活用を来日まで行っている。通常日本語学校やＩＴ教育は本人負担で行う場合が主だが、合格した社員は全て無料かつ給与も支給される。最終的には多くの方が約１～２年で日本語２級試験に合格して来日する（その際、もちろんお客様も行政書士を活用することなくビザの取得も自らが行う）。

長くなった。結果何をいいたいかというと今回認可された14の業種で多かれ少なかれ弊社と同じような採用の傾向や形・方法が増加するという仮説である。勿論、現在多く行われているように受入れ機関（雇用者）が現地の人材派遣会社に直接行って個別面談を行い採用するという方法も今日・明日ですぐになくなるわけではない。業界・業態・日本での雇用状況などによって違いはあるだろうが、直接雇用になることにより採用をどのような方法で行うかは受入れ機関（雇用主）次第でその方針を決めねばならないことが変わるのである。

2-7 弊社ウェブサイトからの法令改正情報に対するミャンマー人の反応

冒頭「はじめに」で述べた通り2018年11月1日から8週間シリーズで12月20日の木曜日までミャンマー語に翻訳して5,000人以上（日本在住ミャンマー人向けなのでシェアは約20%）のミャンマー人の読者にお届けした。繰り返し述べたが弊社は基本ＩＴが主業なのだが、帰国ミャンマー人向けのお土産を子会社（ジーアイシーティィーアンドアール㈱）で販売もしている。これらの読者の多くは日本で働く技能実習生や留学生であり、地方で勤務や生活することも多いので帰国時にあまり時間もなく成田空港に行く前に弊社にお越しいただくことが多い。通常ロンジー（日常的に着用されている伝統的な民族衣装）や鎌倉の大仏（ミニチュア版）の置物（正式認可済）が多く、特にロンジーは日本図柄のものの人気が高く、またミャンマー人が日本で一番訪れたい場所の一番は間違いなく鎌倉の大仏であることから、その敬虔な仏教観の結果でこのようなお土産が好まれるのである。従来我々はあまり技能実習生や留学生のコンタクト先はないのだが、ウェブサイトからこれらのエンドユーザー（B to C）の情報を得ることにより、ダイレクトマーケティングで情報の伝達をしたのである。その際の記事（最終版）があるのでミャンマー語でなく日本語に訳したものをこれから記す。なお、最初の7週間は主に法案の内容に関係するもので、①日本政府の主な3つのビザ（人文・国際・技術）・留学生・技能実習生についての説明、②「技能実習生」のビザは本質的及び具体的にいろいろな問題点、③新制度を支える「登録支援機関」、④「認可される可能性の高い14の業種の日本の労働状況」、⑤「世界でも異質といわれている日本の雇用制度・社会保険・各種税金」、⑥「ミャンマーを含めた送り出し想定国の雇用状況」、⑦「12／10（月）臨時国会最終審議の結果」といった本書の内容の一部となっているものを簡単に説明したものである。これらの質問からミャンマー人（特に技能実習生）が何に興味を持っているかを推測することが可能である。特にFacebookにおいては記事の内容や時期によって違いがあるが、合計でリーチ（投稿が画面に表示された人の数）が１７６，９６３、エンゲージメント（投稿でいいね！やコメント、シェアなどのアクションが実行された数）が２８，９９７、「いいね！」は１，７８７、シェアは１，９９８を記録した（２０１９／２／10の値）。これから見ても弊社で発信した記事がどれだけ母国ミャンマーで反響を受けていたということが理解できるだろう。なお、蛇足だが、ほかのＡＳＥＡＮ諸国と同様にミャンマーは非常にFacebookの使用者が多く特に若者で携帯電話を所有している人は１００％とは言えないまでもそれでコミュニケーションをとっているケースが多い。

12／20記事（コラム）内容

〈中略〉特に質問が多かった7つについてご説明します。また今後も個別相談をFB（Facebook）経由で受け付けますのでお気軽にお問合せしてください。

1 Q&A-1

Q：新たな在留資格「特定技能1号／2号」取るための労働者の年齢は決まっていますか？

A：現時点で年齢制限について正式な発表はありません。詳細は省令（各省庁が決める）で定められるため、14の業種の内容について年齢制限があるかどうかは現時点で不明です。

2 Q&A-2

Q：技能実習2号を取った人達が「特定技能1号」のビザでまた来日したいならば、前と同じ業種しか取れないですか？　業種を変われば、どうなるでしょうか？

A：まだこれも詳細の発表はありませんが、前と同じ業種でしか来日はできません。また、業種を変えるケースはその技能の試験はまず新たに合格する必要があります。日本語の試験については今までのものが通用するか新たに受験するかの記述はまだありません。

3 Q&A-3

Q：新たな在留資格「特定技能1号／2号」の対象でない他の業種ならば、今までの「技能実習1号／2号」のビザで来るしかないのでしょうか？

A：はい、その通りです。その場合、現在の技能実習生の悪い部分（低賃金／転職不可etc.）は継続される可能性が高いので、以前も述べましたが今回の14業種に絞ってJob Changeをしたほうが良いと考えます。

4 Q&A-4

Q：「技能実習2号」を取っていて今の企業で困っているので、転職できますか？

A：まず、技能実習2号では転職ができません。ですので、いったんミャンマーに帰国する必要があります（雇用主の許諾がある場合、業種によっては日本で試験が可能）。2019/4～に特定技能1号のビザ審査が始まりますのでそこで新たにビザを取り直す必要があります。技能実習2号を持っている場合は試験がありませんので、このウェブサイト経由で仕事先（同一業種）を無料で探すことが可能です。個別にお問い合わせください。

5 Q&A-5

Q：「技能実習2号」を取りました。また、「特定技能1号ビザ」で来日するならば、日本語能力試験を受ける必要はないですか？

A：はい、その通りです。ミャンマーに一時帰国してビザだけ取り直せば良いです。昔の職場に戻る必要は全くありませんが、仕事先は探さなければなりません。今後このWebsite経由で仕事先を探すこともできるようになりますので少々お待ちください。

6 Q&A-6

Q：「特性技能1号ビザ」で労働者の学歴は決まっていますか？ 例えばbachelorにならない場合は「特性技能ビザ」を取れないということはありますか？

A：現時点での発表で学歴は関係ありません。ですので、中学や高校卒でも問題ありません。

7 Q&A-7

Q：「技能実習1号」を取ってミャンマーに戻りました。また「特性技能1号ビザ」で来日したいならば、どうなるか？

A：残念ながら、職場が決まり試験なしで来日できるのは「技能実習2号ビザ」からです。ですので、新たに日本の各省庁が提示する業務の試験とＪＬＰＴ４級程度で日本語の会話能力が重視される試験を受ける必要があります。

次にこのコラム内容とは直接関係ありませんが、在留ミャンマー人の情報を下記に記します。何かの参考にしてください。

在留ミャンマー人情報（2018.6）
総数：24,471人（+1,952）

	＊2018.06	＊2017.12
技能実習生	6,804（+660）	6,144
留学生	6,444（+691）	5,753
その他	8,771（+582）	8,189
定住者	2,452（+19）	2,433

3 14業種の送り出し国の実態と国別のベンチマーク（2017年度データ）

3-1 宗教／文化（考え方）／性別／語学等の違いからの親和性

前作では今回と同じ「カナリア書房」のご協力を得て2012年10月10日に『アキバとミャンマーを結ぶ！＝IT中年ベンチャーの挑戦＝』を出版した。すでに6年は経過しており、その際にはあくまで専門のITと海外進出コンサルティングの立場で会社設立までの経緯から入り、その経験や実体験を基にして海外進出のポイントや方法論、そしてリスクマネジメントなどを展開した。特にそのころ急に脚光を浴びたミャンマーでの会社設立の方法（2007年当初は100％のIT会社設立の許認可で1年半かかったためであり、現在は2週間程度で設立可能なので隔世の感がある）については前例もなくある程度の評価をいただいた。ただ、それはあくまでもIT産業としてのベンチマークが主体であった（表9：2018年改訂版）。また、ミャンマーでは昨年10月に「新会社法」が施行され、6年前には外国人には許可されていなかった教育・研修や小売業（一部規制あり）といった産業が許可されており、状況はかなり変化した。

今回はあくまで14の業種といったIT産業以外の比較・ベンチマークが主体であるが、宗教／文化／性別／語学といった要素はある程度共通であり、それに2017年の人口／一人当たりGDPといった客観的なデータを加味して仮説を補った。なお、前者の4つの要素については決めつけてかかるわけではないが筆者個人の主観的な側面が非常に高いのでご批判もある前提で、一つの考えとして読者のご理解及びご容赦を得たい。また、前作で述

表9. ASEANの比較！今なぜミャンマーなのか？（IT）

	1. 日本人との相性・親和性					2. 国のPotential						3. Business Potential		
	宗教	文化・考え方	勤勉性	国民感情	定着率	人口 ('2017)	識字率 ('2016)	ITのPotentialに合う人口	'日本語熱'	ITの経験 (Digital Divide)	Infrast-ructure of IT	Global Outsourc-ing	日本への派遣 (BSE含む)	日系企業への営業 (Global営業展開を含む)
中国	△	×	○	△	△	1,390.1	96.4	1,289.0	◎	○	○	△	△	◎
インド	△	△	○	○	△	1,316.9	72.2	938.6	△	○	○	○	○	◎
インドネシア	△	△	△	○	○	262.0	95.4	222.9	△	△	○	○	△	◎
バングラデシュ	△	×	△	◎	×	163.2	61.5	84.1	△	△	△	◎	△	×
ネパール	○	◎	○	◎	○	29.3	64.7	20.8	△	△	△	△	○	△
韓国	○	○	◎	△	◎	51.5	99.0	49.3	○	◎	◎	×	◎	◎
台湾	○	○	◎	◎	○	23.6	99.0	22.3	○	◎	◎	×	△	○
ベトナム	◎	○	◎	◎	×	93.6	94.5	81.5	◎	△	○	○	△	○
フィリピン	△	△	△	○	△	105.3	96.6	90.8	△	◎	◎	△	△	○
タイ	○	○	△	◎	○	69.1	94.0	65.4	△	△	○	×	×	◎
ミャンマー	○	◎	○	◎	◎	52.7	93.1	47.8	◎	△	×	◎	◎	×
マレーシア	△	△	○	◎	○	32.1	94.6	26.7	△	◎	◎	△	△	○
カンボジア	○	○	△	◎	○	16.0	78.3	10.9	△	×	△	△	△	△
ラオス	○	◎	△	◎	○	6.7	79.9	4.3	△	×	△	×	△	△
シンガポール	△	○	◎	○	△	5.6	96.8	4.9	×	◎	◎	×	×	○
モンゴル	△	○	○	◎	△	3.1	98.4	2.9	○	△	○	×	×	×
スリランカ	○	NA	NA	NA	○	21.4	92.6	19.7	NA	NA	NA	NA	NA	NA
Japan						126.8	99.0	124.15						

1. 各会社の業種/目的/特色/持ち味にあわせた拠点進出
2. 中堅企業として、語学/経験/Skill不足で海外進出に一定の壁！

Copyright©2019 Global Innovation Consulting Inc. All Rights Reserved

べた点と多くが重なる点も否めないので、主観的な要素について今回「特定技能1号ビザ」の試験が行われる予定の9か国を対象としてこれらの概要のポイントのみを述べることにする。

①宗教

非常に深くて難しい議題であるが日本は大乗仏教／神道が多数派であると記されており、その面ではベトナム人と一番親和性が高いと思われる。ミャンマー／タイ／カンボジアといった「南方上座部仏教」を信仰する国が親和性といった点ではベトナムの次に位置するであろう。それから、「ヒンズー教」が主であるネパールや「チベット仏教」が多いとされるモンゴルとなる。インドネシアは中東やバングラデシュと比較すると穏やかな「イスラム教」でありその点では彼らと大きく異なっている。それは、今回試験の対象ではなくまた開発途上国ともいえないマレーシアと似た感がある。バングラデシュに訪れた際に感じたが、一般的に5回／日のお祈りを欠かさない。もちろん人によって違いが大きくあり単純に論ずることの危険は承知だが、明らかにインドネシアはバングラデシュと比較すると規律といった点で緩やかに思える。また、フィリピンはご存知の通り「キリスト教（ローマカソリック）」が人口の90％程度なので、試験が開始される9か国の中では唯一異なっているると言えるであろう。なお、個人的には「仏教」と答えることが多く、「無宗教」とは答えることは全くない。私を含めた多くの日本人は多くの敬虔な仏教徒で構成される「南方上座部仏教」と自分自身の宗教観を比較すると何となく後ろめたい気がするのではないだろうか？　あまりその活動について触れることはほとんどないが、「無宗教」とは全く意味が違うため十分注意されたい。

② 文化

文化面も宗教と同様に多種多様あるので、やはりこれといった単純比較は非常に難しい。ただし、比較論からすると、ビジネスにおいて日本だけが多少軸が違うかもしれない。近年日本も欧米やアジア・中国の文化が入りグローバリゼーションの波に揉まれてきているので、それこそ20年前のそれとは変わってきている。日本は俗にいう仕事中心の考え方が薄れてきているとはいえ、これら試験が行われる9か国とは一線を画すように思える。それは一般には「組織第一主義」ともいわれている。また、中国は中華思想に代表される利己主義の考えが強いがその他の国は家族主義が主体である。つまりビジネスの履行に対して家族の行事を優先する傾向が基本強いのである。もちろん日本でもその傾向が強まってきていることがあるかもしれないが、日本以外の国ではバランス的には会社より家族の比重のほうがはるかに重要である。

③ 性別

特に人口の多い中国は多様性がありすぎていうまでもないが、インドネシア／ネパール／カンボジアといった国ではビジネス上での男性・女性の比較といった点で訪れた際にさほど差異を感じる事はなかった。ただ、ミャンマー／タイ／フィリピンといった国では「働き者」は女性のほうが多いと語る人々が圧倒的に多いことだった。また沖縄出身の方には大変失礼な表現で恐縮なのだが、口の悪い人の喩えだと「沖縄から南の地域の男性はライオンの雄に似ており、重要な仕事はテリトリーに入ってきた若い雄ライオンを排除することと繁殖行為だけで、雌ライオンが取った獲物を先に食べる他特に何もしない」ということである。また、誤解を与えるような光景として、2007年当時のミャンマーでは日中から路上の喫茶店でお茶を飲んでいるのは大抵男性であった（※かなりあとから分かったのは、これはどうも従来男性がそこで営業をしているのが多いということだった。現在は携帯電話が一人一台というくらいに爆発的に増加しインターネットが同時に使われるようになったので特に若者はそこから減ったが、その普及の前まではAさんが車を売りたい人の情報を持っており、Bさんが車を買いたい人という人の情報を持っているという物々交換に似た状況をそこで醸し出していたのかもしれない。読者の方々にはミャンマーの男性（特に営業職）の名誉のためにそのような誤解をここで解きたいと思う）。

④ 語学

これは、母国語と日本語の親和性そして英語の普及率といった観点で述べたいと思う。前作や本文上でも述べたが、「聞く」と「話す」に相関関係はあり、また同時に「読む」と「書く」にも相関関係がある。そして、日本語の語順と同一の国は特に「聞く」と「話す」といった点で日本語の習熟が早い。それらの対象となる国はミャンマー／ネパール／モンゴルが該当する。また、「読む」と「書く」といった点では、試験される9か国で漢字文化があるのは中国だけ（ベトナムは20世紀まで公用文で漢文を用いたが、1919年の科挙廃止以後廃れる）に優位性がある。次に英語はどうであろうか？　もちろんNo.1にできるのはフィリピンであり、公用語はフィリピン語（殆どタガログ語）と英語なのでそれは他の国に対して優位性がある。少し横道に外れるが、弊社のフィリピンの拠点はセブにあり日本・韓国の英会話学校が１００校以上あるという人もいる（オンライン英会話も入れると正確にわからないが増え続けている）。また、アメリカとフィリピンの時差はほぼ地球の裏側であるので13時間前後あり、コールセンターやＩＴのアウトソーシング拠点が数多く見られる。どちらにしろ、来日する外国人労働者と翻訳機すべてで対応するのにはある程度時間がかかることを想定すると、せめて日本語／英語のコミュニケーションが可能な外国人労働者を選んだほうが企業の現場としては良いであろう。

以上の内容に、人口／一人当たりＧＤＰを追加したものが表10となる。これは日本国外で「特定技能1号ビザ」の試験を行うと公表された国々であり、ベンチマークした一覧表でもある。ここで特に人口が2・5億人以上の中国とインドネシアには注意されたい。日本でもそうであるが、これだけ人口が多いとそれを一般的に語るのは非常に難しく個々の対応やスクリーニングを更に肌理細やかに行う必要があるかもしれない。尚、単純にどの国が良いとか悪いかという意味で作成したものでもない。当然、業種や業務によって適性がありそれが男性に向いているのか女性に向いているかも現場の要請や状況によって異なる。省力化や生産性向上（ロボット／RPA／AI）が日本では確実に進んでおり、男女や年齢の差なく適応できる現場は更にこれから増加するともいえるからである。

それでは次項から更にこれら試験が行われる予定の個々の国と日本との「親和性」を論じていこう。なおここで言う「親和性」とは、あくまでも雇用者が「特定技能1号ビザ」で各国の外国人労働者を受入れる状況での「親和性」を意味している。

また、最初の数年間で雇用者が様々な人種をバラバラに受入れることは考えにくい。現場の語学力（特に英語）が日本語以外の言語で上がるとは到底思えず、またそこで宗教・文化的側面について複数理解できることにはそれなりの難易度があるからだ。結果、現場によってミャンマー人が外国人労働者の大

表10. 国別のベンチマークのまとめ

試験対象国	①人口(2017年)	②一人当たりGDP(2017年)	③宗教	④文化/習慣	⑤性別	⑥-1 日本語		⑥-2 英語	その他
						読み書き	聞く話す		
1. 中国	138,600	8,827	民族宗教/仏教/道教	中華思想	NA	◎	△	NA	個人主義かつ個人差が非常に大きい/一人当たりGDPが急速に上昇しているので日本に来るアドバンテージが今後減少。
2. ベトナム	9,554	2,343	大乗仏教(一部儒教)	家族主義	男性>女性	×	×	△	今回の法令改正でNO.1のTarget。男性の仕事で優位。
3. ミャンマー	5,337	1,299	南方上座部仏教	家族主義	女性>男性	△	◎	○	日本語の能力高い。女性の仕事で優位。
4. ネパール	2,930	835	ヒンディ(81%)/南方上座部仏教(11%)	家族主義	NA	×	◎	○	今後増加の可能性あり。
5. タイ	6,718	6,594	南方上座部仏教	家族主義	女性>男性	△	×	×	明るい性格。日本語の習熟が遅い。
6. モンゴル	308	3,735	チベット仏教	遊牧民族	男性>女性	×	◎	×	人口が少ない。男性の仕事で優位。
7. インドネシア	26,400	3,847	イスラム(世俗的)	家族主義	NA	×	×	NA	人口が多いが、一人当たりGDPも上昇。イスラムに配慮。
8. フィリピン	10,049	2,989	キリスト教	家族主義	女性>男性	△	×	◎	明るい性格(耐性あり)。英語は日常語。
9. カンボジア	1,601	1,384	南方上座部仏教	家族主義	NA	×	×	×	現地に会社があれば優位性あり。

Copyright©2019 Global Innovation Consulting Inc. All Rights Reserved

多数であったり、それがフィリピン人だったりするであろう。なお、ＡＩの進化により翻訳機も格段の進歩を遂げているが却って日常英会話を翻訳機でいちいち通すほうが面倒であると考える人も多いに違いないので、同じ環境下で複数の異なる人種は益々受入にくいのである。

3-2 中国との親和性

いうまでもなく人口は１３８、６００万人と日本の約11倍であり、現在は一人当たりＧＤＰも８、８２７ＵＳＤ／年というふうに日本の23％まで上がってきている。表11は弊社の独自調査で恐縮であるが、６か国においてデスクトップ調査を行った結果である。平均賃金での比較だが出典が様々なので精度についてはお許しをいただきたい。いうまでもなく水は上から下に流れ、人は賃金の低いところから高いところへ流れる。それを見ると中国は沿海部と内陸部で賃金が異なるが、すでに日本と遜色がない産業もある（産業機械製造・造船船舶工業・自動車整備等）。業界の視察で２０１８年に６年半ぶりに中国を訪れ、安徽省・合肥市（内陸部）を訪れた際にわかったことである。合肥市は以前の印象だと沿海部（上海等）と比較して発展が遅れているイメージだったが実際はそれとはかけ離れていた。アメリカと中国の間の大きな環境及び状況変化により、iFLYTEKに代表される最先端のAI企業や大学も基礎研究（先端分野含め）に中国が力を入れていることがよく理解できた。また、日系製造業の工場の総経理から話も伺った。それは「おそらく技能実習生で中国に戻った人は、特定技能で日本に行くことが少ないのではないか？」という発言である。それなりに日本語の能力が長けている技能実習生は日系の企業でより割の良い仕事をしているのが実態の一つのようである。「技能実習2号ビザ」の現在の所有者は「特定技能1号ビザ」で来日する可能性は中国の場合ベトナムといった他国より低いと思われるのである。この項で述べた通り、人口が多いので良い人も悪い人も

表11. 14業種の賃金ベンチマーク(弊社調査)

6か国での14業種について単純労働者の平均賃金比較(円)

	介護	ビル クリーニング	素形材 産業	産業 機械製造	電気・電子 情報 関連産業	建設	造船・ 舶用工業	自動車 整備	航空	宿泊	農業	漁業	飲食料品 製造	外食	"通貨両替 (各通貨単位)"	
日本	¥180,000	¥200,000	¥214,000	¥180,000	¥200,000	¥134,000	¥198,000	¥211,000	¥196,000	¥196,000	¥160,000	¥187,760	¥211,000	¥233,000	NA	
中国（沿海部）	¥66,705	¥81,376	¥55,318	¥124,474	¥88,221	¥65,055	¥151,887	¥144,389	¥100,964	¥47,983	¥68,551	¥58,929	¥78,795	¥26,597	0.06121	CNY
中国（内陸部）	¥41,464	¥57,932	¥39,389	¥88,810	¥46,627	¥54,795	¥133,247	¥103,023	¥87,290	¥34,080	¥48,408	¥41,954	¥56,102	¥18,886	0.06121	CNY
フィリピン	¥26,307	¥31,628	¥21,474	¥40,836	¥28,811	¥37,336	¥49,824	¥47,406	¥39,186	¥28,162	¥68,194	¥49,369	¥30,573	¥15,266	0.46163	PHP
スリランカ	¥21,836	¥21,836	¥35,702	¥36,952	¥38,913	¥32,623	¥36,981	¥35,540	¥27,675	¥30,704	¥32,623	¥27,675	¥28,670	¥22,712	1.57336	LKR
ミャンマー	¥15,517	NA	¥28,146	NA	NA	¥40,415	NA	NA	NA	¥28,868	¥23,455	NA	¥21,651	¥10,826	13.8565	MMK
ベトナム	¥10,958	¥15,308	¥10,406	¥26,503	¥18,782	¥13,365	¥32,330	¥30,731	¥18,977	¥10,579	¥12,792	¥11,089	¥14,824	¥5,865	204.705	VND

日本の平均賃金

特定技能で来る可能性高い国の平均賃金

➡ 対象国と日本の賃金格差が大きい業種から移動の可能性大！
中国は賃金上昇が激しく、その面ではベトナム／ミャンマー！

Copyright©2019 Global Innovation Consulting Inc. All Rights Reserved

日本の10倍いるという事実である。良い人と出会えば良いがその逆もあるというリスクに十分注意する必要がある。それはインドネシアや今回試験が実施されないインドといった人口が概ね3億人以上の国でもいえる。またいい方は悪いが「中国嫌いの中国人」もある割合いるが、同等の状況の他国の人よりその数ははるかに多いのである。

3-3 ベトナムとの親和性

個人的には今回の法案改正の一番の狙いの国はベトナム、そしてベトナム人男性ではないであろうか？「技能実習2号ビザ」所有者やここ数年についてもそのように想定している。特に現時点の日本では大手建設会社の子会社・孫会社でベトナム人が技能実習生として働いて入る割合や数が多い。国土交通省の報告（2016年データ）を紐解くと建設業においてベトナム人は8、326人で中国人は2、321人で次にフィリピン人（1、608人）、インドネシア人（924人）と続く。それが2011年データだと中国人が2、758人でベトナム人はわずか346人である。それぞれの人口からいって明らかに相対的に建設業においてはベトナム人が近年主流となっていることがわかり、データには示されていないが建設業という業態から男性が多いと考えられる。もちろん一つの要素であろうが、ベトナム人の文化や考え方そして宗教観が日本社会で受入れやすいという側面を表している。また、フィリピンやインドネシアと同様ＥＰＡのスキームで看護師・介護福祉士候補者も受入れしている。厚生労働省のデータによると２０１７年度で看護師を34名、介護福祉士候補者は２７６名の合計３１０名であり、それもデータにはないがほとんどが女性であることが考えられる。また２０１７年11月から「技能実習生ビザ」に介護が追加されたことにより今回の発表前に相応数の人数が日本に送りこまれている。ベトナムには一部儒教が根付いており、お年寄りや目上の人を敬う慣習もあるのでその点では良いのであろう。ただ、今後ミャンマーの介護人材が「特定技能１号ビザ」で来日し始めるとその優劣がつけがたいことも想定され、介護という分野ではベトナム／ミャンマー／フィリピン／インドネシアでそれぞれの特徴が出るかもしれない。なお、英語は「特定技能１号」の層では厳しいことが想定される。宗主国はフランスであり、歴史的な背景が影響すると共にそれを物語っている。

3-4 ミャンマーとの親和性

多くが敬虔な仏教徒である南方上座部仏教である。かなり年配の方は「ビルマの竪琴」

の三国廉太郎そして壮年の方は中井貴一の水島上等兵を思い浮かべる方もいるであろう。

実質アメリカの制裁が緩和され始めたのは2011年なのでまだ7年くらいだが日本を初め、西欧諸国が投資をし始めた。ここで戦前・戦後からのこれまでの経緯を述べると話が長くなるのでそれは割愛させていただくが、ある種の相互の思い入れが日本とミャンマー（旧名ビルマ）との間にあったことはいうまでもない。これまで幾多として述べてきたが、文化・宗教・語学（日本語）との相似性は今回試験が想定されている他国と比較して抜きんでており、特にミャンマー人女性の活用といった点では業種によって異なるだろうが「特定技能1号ビザ」で来日する外国人労働者の大きな候補であることはいうまでもない。

あと、多民族国家（主要7民族、135の部族）しての宗教上・文化上の特徴がある。日本人としてなかなか気が付くことはないであろうが、シャン民族にはシャン民族なりの名前の付け方もあり単一民族での日本人とはかなり違いがある。歴史的にみてもモンゴル帝国での支配下での最大領域にミャンマーは含まれるがバングラデシュはわずかしか含まれない。モンゴル帝国は厳密にいうと中国人の国ではないかもしれないが、中国人としての現在のアセアンでの拡大は主にミャンマーまでなのである。何をいいたいかというとミャンマーはアセアン地域の交差点の意味合いで人種の坩堝ともいえ、その意味では先述した通り、顔かたち・肌の色含めて日本人と相性が合う場合も多いのである。

ただ、技能実習生の10・5％が失踪しているという点では大きな課題がある。個人的にはミャンマー人は優しい反面、耐性が弱いところがありそれは来日前の研修含め十分組織的に行う必要があることを感じている。

3-5 ネパールとの親和性

「特定技能1号ビザ」で来日する外国人労働者の隠れた本命は実のところネパール人かもしれない・・・。まず着目すべくは一人当たりGDPの低さである。835USD／年なのでミャンマーと比較してもその64％である。また人口も約3,000万人とミャンマーの半分ほどはあり、その面でも今後の可能性はあるかもしれない。主たる産業は農業であり、人口の約80％がそれに従事している。また、天然資源、観光業にも力を入れているが華々しい成果を上げているわけではないので実質的に収入を安定的に得る人々が多いとはいえなく、日本に対する憧れも他国より強いようだ。ただ、東京とカトマンズのフライト時間は約15時間の差があるため、受入れ機関（雇用者）が足繁く行くことはできずそこは今後とも課題となる。

宗教はヒンディが81％であるが南方上座部仏教も11％を占め、ミャンマーほどではないが宗教的な親和性が高いといえるし、日本語と語順が同じため同様にその習熟は語順が違う国よりは早い優位性がある。

現状で特筆すべきは日本語教育機関（専修学校を除く）における外国人留学生受入れ状況の多さである。２０１７年12月のデータ（独立行政法人日本学生支援機構）によると、中国（２７、７５８人）／ベトナム人（２６、１８２人）に続き3番目の６、６５０人である。ネパールからの大学を含めた留学生の総数は２１、５００人なので31％が日本語教育機関となり、明らかに人口比ではネパールが多いといえる。技能実習生の36％が失踪した経緯から、極端に留学生での来日が多くなった経緯もあるかもしれない。

3-6 タイとの親和性

結果的にタイから「特定技能1号ビザ」で来日する人はさほど多くないであろう。何にも増して一人当たりのＧＤＰが中国に近い６、５９４ＵＳＤ／年だからであり、多くのタイ人にとって日本での勤務は以前より魅力的なものではないからである。

また、後述のフィリピンと同じように比較的耐性が強く明るい性格でもあり、宗教や文化的な側面や仕事の内容によっては合うのだが、まず日本語の習熟が遅いという課題がある。そして、タイはまたアセアンで欧米諸国に占領された歴史がないのでミャンマーと比較して同程度の知的レベルでは英語も厳しい状況がある。

ただ、この30年において日本の自動車産業のアセアンでの集積地となった経緯があり、数多くの日系企業が進出している。従来はタイ側に拠点がある場合に日本人が行くケースがほとんどであったが、試作品を日本で製作するというような状況によってタイ人を逆に日本に呼び寄せても「転勤ビザ」でしか申請ができなかった。今後は「特定技能1号ビザ」で容易に直接雇用が可能となるので素形材産業／産業機械製造業／電気・電子情報関連産業といった業種であればそれらの優位性を生かすことができるかもしれない。

3-7 モンゴルとの親和性

「特定技能1号ビザ」での来日といった観点では、それが今回の14業種だけであれば厳しいであろう。まず人口が少ないのと海に囲まれておらず、産業も天然資源（ガス）が大きな柱であるが、それに付随した大きな産業がこの14業種には見受けられないからである。ある程度の男性社会であるので伝統的な畜産関連はあろうが、適合業種は建設／素形材産業／産業機械製造業／電気・電子情報関連産業／農業（畜産）／自動車整備業くらいしか見当たらない。

ただ、今後仮に引っ越し業のような男性中心の体仕事がこれらの許認可業種に追加されたら大きな適合性があるだろう。誰もが考える通り、「相撲レスラー」に代表される強靭な体力の持ち主が多くのモンゴル人に多いからである。

モンゴル人の留学生の総数は先ほどの統計によると2，517人である。バングラデシュのそれは2，748人でほぼ同数であるということは、人口比で考えると約53倍なのでそれだけモンゴル人の日本贔屓がわかるのである。ただ、聞き取り調査を行うと来日しているモンゴル人留学生は日系大手や外資系企業で大きな人気があり、今回の「特定技能1号ビザ」とは単純比較はできないが業態や勤務内容が合えば試験合格後来日する可能性も高いと言える。

宗教・文化・日本語の「聞く」「話す」といった点では親和性が高いが、第二外国語は英語／日本語／ロシア語／中国語からの選択になるので、日本語ができる人は英語ができない可能性があり、その面では第二外国語を英語で選択する国よりはアドバンテージが低い。

3-8 インドネシアとの親和性

あくまでも個人的な考えではあるが、文化・性格的にはフィリピン人とミャンマー人を足して2で割ったような感を受ける。フィリピン人ほど耐性が強い明るさもないが、ミャンマー人（日本人にも似た）よりも曖昧な文化を兼ね備えている人が多いように見受けることがある。人口は日本の2.1倍であり俗に言う多民族国家であり、一人当たりのGDPは3,847USD／年とフィリピンより高いのは意外な感がある。

宗教という点では、今回試験が行われる国の中で唯一のイスラム教の国であるが、中東やバングラデシュとの比較では緩く見えその点ではマレーシアと似ている（言語体系も簡易であり、その部分でもマレーシアと共通点がある。その面では日本と語順が違うためインドネシア人にとって日本語は覚えにくい点があり、EPAのスキームで看護師・介護福祉士候補者を受入しているが、日本語の習熟面で課題があったようである）。日本人とイスラムとの親和性は仏教と比較して低いとはいえるが、インドネシアの場合それが緩和されている面があるといえるであろう。

また、戦後の日本とインドネシアの関係は決して良い状況ではない時期があったが、すでに73年の月日が経ち、日本のアニメーションに代表されるエンターテインメントが浸透しているため人間関係の構築がしやすい面もある。

日本のビジネス上の「組織第一主義」を前提とすると、他力本願的な考えとナイーブな点とが交差するのでしっかりとした規約を作成し、事前にゆっくり、しかも確実に理解をしてもらう研修が必要である。近年はその巨大なマーケットを狙い、タイ／フィリピンに次いで製造業の進出やハード・ソフト両面でのインフラ整備も進められている。その面で現在進出している日系企業（雇用者）はタイと同様その従業員を「特定技能１号ビザ」で直接雇用するような方法も模索できるかもしれない。

3-9 フィリピンとの親和性

もし、受入れ機関（雇用主）が英語でのビジネスの日常会話を良しとするならば、今回の９か国の名中でフィリピン人を選択するのも一つの手段かもしれない。宗教はキリスト教であり大半が仏教徒の日本人とは違うが、その明るさを考えるとそれが文化的に合わない訳でもない。何せ耐性が強く、少しくらいのことではめげないという性格を多くのフィリピン人が持っている（もちろん例外もある）。「特定技能1号ビザ」で来日するレベルのフィリピン人でも英語は一通りこなすのでその点では他国と比較して優位性が高いのである。

ただ、日本語と語順は違っており、その習熟も語順が同じ国よりは遅い。現にベトナム人やインドネシア人と同様のEPAのスキームで看護師・介護福祉士候補者を受入れてるが、来日後習熟が遅いのは何回も述べたことである。

また、アセアンの中で唯一海外に人材を送り出す場合に、POEA（Philippine Overseas Employment Administration）という法律の規制（届け出）がある。通常これは外資では取得できず（合弁はOKの場合あり）、手続きに500USD／回くらいかかるのでコスト円含め事前に注意を十分する必要がある。勿論、「特定技能1号ビザ」で来日するときも同様に適用される。一方受入れ機関（雇用者）にとって良い点もある。これは次章で詳細に述べるが今回の試験開催国で唯一、厚生年金については日本と「社会保障協定」を締結済の点である。コスト的には実はここが一番大きく、長く雇用するならば受入れ機関（雇用者）の負担は他国よりかなり少なくなるのである。

3-10 カンボジアとの親和性

理系人材の獲得といった面では厳しい面がある。専門のＩＴ領域からこれまで同等のプログラム適性検査を中国／ベトナム／ミャンマー／フィリピンそしてこのカンボジアでも行ってきたがその結果からも、明らかにその点では優位性が低い。現にＩＴでのオフショア開発といった点では、カンボジアが話題にあがることは殆どない。理由は明瞭でポルポト時代に２３０万人とも呼ばれる虐殺を行い、その対象は学者・教師といった有識者や僧侶、学生だったからである。

良い面もある。法律が未整備なことから外資系が容易に参入しやすい状況が現在あり、その点では現地で日本人が比較的長期滞在しビジネスを通じて情報を得やすい環境にあるからである。反面、技能実習生の10.6％が失踪していることからそれなりの課題はあるが、フランチャイジーや個人含めた日系進出企業であれば直接雇用の機会も増えるかもしれない。またミャンマーと比較した場合、一人当たりのＧＤＰは1、３８４ＵＳＤ／年とほぼ同等であるが、人口はそれの約１／４なので受入れ人数の可能性としてはミャンマーより低くなる。

日本語学校はＮＰＯ／ＮＧＯが多くあることからその費用は他国と比較して、安価であるが、クメール語の語順が日本語と違うのでベトナム／フィリピン／インドネシアと同様に習熟が遅い傾向がある。

4

外国人労働者から見た場合の日本の各種保険制度・税務面の課題点

4-1 特定技能1号に対する日本の社会保険の適用について

今回の法案施行において基本原則として、受入れ機関（雇用者）及び「特定技能1号ビザ」の所持者は日本人と同様に3種類の社会保険に加入の必要がある。それは労働保険（雇用保険＋労災保険）／健康保険／厚生年金である。健康保険／厚生年金は同時加入（常時5名以上の従業員）となるのが従来通り重要な点である。

まず、労働保険については「雇用保険＋労災保険」で、日本人／外国人労働者の区別なく原則問題はない（強制加入）。

次に健康保険である。これだけを見ると、これについての問題はない。日本人と同様（30％個人負担）の制度適用であり、きちんと健康診断（来日後必ず受診）の仕組みや規模が大きくなると産業医の設置そしてストレスチェックといった法令を遵守すれば良いのである。

ただ健康管理といった側面から見る場合には多少の注意点はある。それはまず母国で健康診断を受けさせてから来日させたほうがより良いという点だ。開発途上国では本人が今まで認識せず現地で発症していなくても母子感染でB型肝炎や結核のキャリアであることが時としてみられる。特に結核のキャリアの場合で来日して日本でそれが判明した場合は中長期の入院（隔離含め）を余儀なくされる場合もある。またそれを理由として解雇をする訳にもいかず、完全に治癒するまでは日本で定期的な薬の投与も必要である（※治癒しないで投与を止めれば、耐性がついているためより強力な薬）価格も高い（が必要となる）。あとは、治療にかかった際の医院（特に中小）での医薬用語の母国語への翻訳である。元々医学の知識がなく語学もできない総務担当者が病院に同席しても全く要領を得ないであろう。何故なら本人の日本語レベルがＪＬＰＴ４級程度では病気の程度を説明することもままならない前提があるからだ。

ちなみに弊社内では社員のために日本国内でミャンマーの医師免許を所有して日本の医療機関で働く方（日本の医師免許はないので日本では補助業務）から補完的にサポートをいただき、例えばインフルエンザの案内といった予防的なものから直接社員がチャットでやり取りできるような体制を兼ねそろえている。緊急時には病院へ同行いただきその活動には常日頃深謝している。ただ、弊社でも他の人種（ベトナム人等）では当然対応が難しいので雇用者において複数の人種を受入れることは健康管理の面でも難しいのである。

最後に次の項で述べるが厚生年金の同時加入は課題が非常に大きい。今回の「特定技能1号ビザ」の有効期間は5年間であるがまだインターネット含めた各種論調ではこれを言及していない例が多い。それは本格的に外国人労働者の受入れをしていないか、現時点で労働保険以外に加入せず、国民健康保険だけの加入で済ませている「技能実習生ビザ」の社員が多いところに関連しているのではないかと思う。

4-2 外国人労働者の日本の厚生年金の制度上の課題点について

それでは外国人材受入れの際の厚生年金にどのような課題あるのであろうか？　現実的にいうと今回の「特定技能1号ビザ」は5年間在住が限界であるし（※宿泊／建設／造船・船舶工業／自動車整備業／航空業は「特定技能2号ビザ」も検討中）、65歳まで日本に在住するとは例外（例えば日本人と結婚して在住）を除き考えにくいからである。それが現行の健康保険との同時加入制度では、加入後6か月以上3年未満の掛け金しか戻らない（3

年以上は掛け捨て）という原則上の大きな課題がある。つまり、５年の滞在が制限だとすると2年間の厚生年金が掛け捨てとなる。仮に20万円／月の給与が一定だとすると、それは概ね一万８、３００円／月だから2年間で約44万円のお金がもどらない（もちろん同額を雇用者も支払っている）。また現実的には、母国に雇用者の会社がないと返金が実質的に困難といった課題も生じている。弊社はもちろん母国に子会社があり、返還請求を実際に行ったことが数回あるが、少なくとも半年では処理が済まなかった経験がある。弊社の準備が悪いかもしれないが、それだけではないようにも感じる。また、政府は悪質な滞納者には在留を認めない方向（２０１８年11月９日 国会答弁）であり、未払い者には在留カードの更新を行わないであろう。であれば、逆に政府はそのような齟齬が生じている状況を改善する必要性がある。国内で同業種に転職しても同様のことが起きるのだが、必ず当該外国人労働者へ入社前の事前説明で必要なことはいうまでもない。なぜなら彼らにとって、44万円は彼らの貨幣価値では10倍の４４０万円だからである。

今回の国外の試験実施予定国で唯一の例外はフィリピンのみである。日本とフィリピンは、社会保険について社会保障協定を締結しているため、来日の場合はフィリピン人としての年金が適用される。これはアメリカに数年在留していた方ならわかりやすいであろう。アメリカでは同様の社会保障協定を日本と締結しているため、同様の仕組みで滞在している間は基本的には日本の年金制度を適用すれば良い（※滞在の183日ルールや役員等各種例外もあるのでそのようなケースは注意が必要であり十分個々の事由は詳細確認されたい）。この協定は2国間なのでお互いの国の歩み寄りが必要であり、社員の大半がミャンマー人である弊社は残念ながら現時点で未締結である。

4-3 外国人労働者の税務面の課題点について

中堅・中小企業においても、源泉徴収税や地方税の給与天引きを行っている場合はさほど問題はなく、日本人と同様にそれを行えば良いのでさしたる違いはない。もしあるとしたらそれは「扶養控除」である。国税庁の2018年1月改定の『国外居住親族に係る扶養控除等の適用について』によると、明らかに「親族関係書類」及び「送金関係書類」の提出が必要である。以降長くなるがそれを引用すると『国外居住親族が複数いる場合には、「送金関係書類」は扶養控除などを適用する国外居住親族の各人ごとに必要となります。例えば、国外に居住する配偶者と子がいる場合で、配偶者に対してまとめて送金している場合には、その送金に係る「送金関係書類」は、配偶者（送金の相手方）のみに対

する 送金関係書類として取り扱い、子の送金関係書類として取り扱うことはできません。「送金関係書類」については、扶養控除などを適用する年に送金などを行った全ての書類を提出または提示する必要があります。※ 同一の国外居住親族への送金などが年3回以上となる場合には、一定の事項を記載した明細書の提出と各国外居住親族のその年最初と最後に送金などをした際の送金関係書類の提出または提示をすることにより、それ以外の送金関係書類の提出または提示を省略することができます。この場合、提出または提示を省略した送金関係書類については、居住者本人が保管する必要があります』と記してある。扶養控除対象者への個別送金と3回以上がキーワードであり、代行する会社の総務(管理部門)はそれを十分に保管して税務監査に備える必要がある。

5

受入れ機関（雇用者）及び当該業界の社会的な変化

まずカテゴリーを問わず、下記のような社会変化が想定される

・雇用者がコスト（給与上昇分）を最終的に消費者に転嫁できない場合は利益率の悪化。逆に転嫁できる場合は当該業種に関連する商品・サービスがインフレの方向性

・アルバイトから正社員へ移行の場合は管理コストの上昇

・「特定技能1号ビザ」が取得できる14の業種への国内外の外国人人材の集中化と今回それに漏れた業種の政府に対する追加受入れ要求

・「技能実習生ビザ」のスキームで構築したステークホルダー（相手国の送り出し機関／日本の監理団体）とのコストを含めた関係の見直し（「技能実習生ビザ」での雇用者）

・法令遵守徹底による悪質雇用者／送り出し機関／仲介業者の減少

・登録支援機関への申請・認可による新規参入業者の台頭

・自社での登録支援機関の申請（特に大手企業で外国人労働者の実績ある雇用者）

・更なる海外進出の加速
・直接雇用のための外国人労働者雇用に対する自社マーケティングの強化
・転職防止のための雇用条件（賃金／住居／残業）の改善
・転職斡旋業者の活用・競合
・今まで技能実習生の活用ができなかった企業の外国人労働者採用（全て：特に地方）
次に、各カテゴリーでの社会的な変化を見てみることにする。

5-1 カテゴリーAの社会的な変化

①定義　：受入れ規模が大きく、技能実習制度での移行がないか少数の業種
②業種　：介護／外食／ビルクリーニング／宿泊
③受入れ機関（雇用者）の社会的な変化（仮説）
・このカテゴリーはまず「特定技能1号」の試験が早いのが一つの特徴である。
・外食は試験が国内でも実施され、留学生（アルバイト）からの大量の移行が想定されるようにも思えるが、ことはそれほど単純ではない。大手は新設の「登録支援機関」の申請を自社で行うことも含めしっかりした計画を立てて臨むであろう。理由は他の日

本人のアルバイトとの公平性の問題（外国人労働者の場合は正規雇用が基本）や地方勤務での賃金格差があり、その解決にある程度時間がかかるからである。何よりも「特定技能1号ビザ」の取得者が同一作業内容で勤務するならば、労働者が若いこともあり賃金の安い地方より首都圏を選択する傾向が強まるからである。また、正社員としてより高いレベルの人材の採用を戦略的に考える雇用者も増えるかもしれない。更に、例えばコンビニの店員では「特定技能1号ビザ」が下りないのでアルバイトを変更するようなケースも起きるであろう（外食：大手企業）

・付加価値（単価）の高い個人や中規模の外食産業であれば、その給与や待遇を上げることにより、優秀な外国人労働者を惹きつけることが可能になる。（外食：付加価値が高い中堅・中小・個人企業）

・宿泊業についても国内で試験が実施されるので、外食業と同等の社会変化が想定される。要は、アルバイトでなく正社員の雇用になるのでコストや体制含めそのジレンマが生じるからである。（宿泊）

・外食や宿泊独自の業務のアウトソーシングや業務委託の加速もされるであろう。理由は賃金上昇によりコスト構造の見直しが必要だからである。

（外食／宿泊：大手企業）

・介護については既にＥＰＡや「技能実習生ビザ」で受入れしている雇用者は、何らかの形で「特定技能１号ビザ」への転換を余儀なくされるであろう。さもなければ、給与を１.２〜１.５倍程度にしないと、あとから「特定技能１号ビザ」で参入してくる同業者にせっかく育てた外国人労働者が転職（帰国してビザを取り直す場合を含む）してそれを失うリスクがある。（介護）

・日本人でも給与水準が一般的に低いビルクリーニングは生産性の向上と相まって体力のない企業は淘汰されるのでＭ＆Ａ含めた業界再編成の可能性もある（ビルクリーニング）

5-2　カテゴリーＢの社会的な変化

①定義：現在ある程度技能実習制度での受入れ・定着がある業種

②業種：建設／農業／飲食料品製造業／素形材産業／造船・船舶工業／産業機械製造業／電気・電子情報関連産業

③受入れ機関（雇用者）の社会的な変化（仮説）

・このカテゴリーでは現在「技能実習２号ビザ」取得の社員の帰国後の転職が想定される。特に転職斡旋業者が新規参入の受入れ機関とパートナーシップを構築した場合は特にそれが加速されるであろう。また、能力の高い人材であれば現在「技能実習２号ビザ」を未取得でも帰国費用を負担した上で、帰国後に「特定技能１号ビザ」の取得を前提としてオファーをする場合もあるかもしれない。
特に子会社で単純労働の技能実習生雇用の会社は戦略の見直しを迫られる事もある。それは今まで外国人労働者を活用していなかった同業他社が参入するからである。

（全て）
・早くから海外子会社を活用している形態であるが、同業種からの参入もあり「転勤ビザ」で雇用の社員の退職が加速することも想定される。（素形材／造船・船舶）
・外国人労働者を活用した新規ビジネスモデルが参入する。漁業も同様だが、農業の権利を購入した上で外国人労働者を活用するようなモデルに資本家が投資をすれば人口減を前提とした産業そのものの根底が覆される。（農業）
・今まで密接な関係があった業界内での監理団体の利権や利益の減少及び新規参入者により他の業種よりも更に大きな変化が想定される。（農業）

5-3 カテゴリーCの社会的な変化

①定義　：受入れ規模も小さく技能実習制度での移行が半分程度までの想定業種
②業種　：漁業／自動車整備業／航空業
③受入れ機関（雇用者）の社会的な変化（仮説）
・このカテゴリーは他と比較して規制が多くあった産業である。そこに外国人人材が参入することによりその人材活用した新規ビジネスモデルが参入する。（全て）
・旧来型ビジネスモデルの崩壊が想定される。理由はカテゴリーCの農業と同じで革新的な新規モデルが参入するからである。（漁業／自動車整備）
・上記の農業と同様に監理団体の利権や利益の減少が起きる。（漁業）

6 法令改正に伴うビジネスチャンスとリスク

最後の章となった。まず、技能実習生／外国人留学生の実態と課題点を述べたあと、「改正出入国管理法」の内容とその理解をしていただいたつもりである。そのあとは独自の調査を含めた14業種の送り出し国の実態と国別のベンチマーク（2017年度データ）から俯瞰図として捉えられるように送り出し国と受入れを行う日本の立場を論じてきた。次に、違った角度から外国人労働者から見た場合の日本の各種保険制度・税務面の課題点をあげた上で、受入れ機関（雇用者）及び当該業界の社会的な変化を述べてきた。

今回の法令改正のビジネスチャンスとリスクは、5つのステークホルダーで構成される。それは、1・受入れ機関（雇用者）／2・送り出し機関（相手国）／3・監理団体（仲介業者含む：日本）／4・日本語学校（相手国／日本）／そして5・登録支援機関（新規参入業者：日本）である。それをまとめたのが表12である。プラスここの表には記していないが、そのステークホルダーを支援する国・都道府県・各市町村のサポート体制も必要となる。また、新設の登録支援機関の運営については一社でできるものでは到底なく弊社なりのパートナーシップの事例を入れさせていただいたのでビジネスモデルでの参考にされたい。

6-1 受入れ機関（雇用者）

まずチャンスとなるのは、法令遵守／優良雇用条件の前提で優秀な外国人の採用が可能になることである。田中角栄が誕生したのは、1918年5月4日である。海外から今20歳の若者が日本に来るとすると、1998年生まれであり約70年の差がある。日本と違い、学歴が十分でなくても優秀な若者の割合はは

表12. ステークホルダーのマッピング

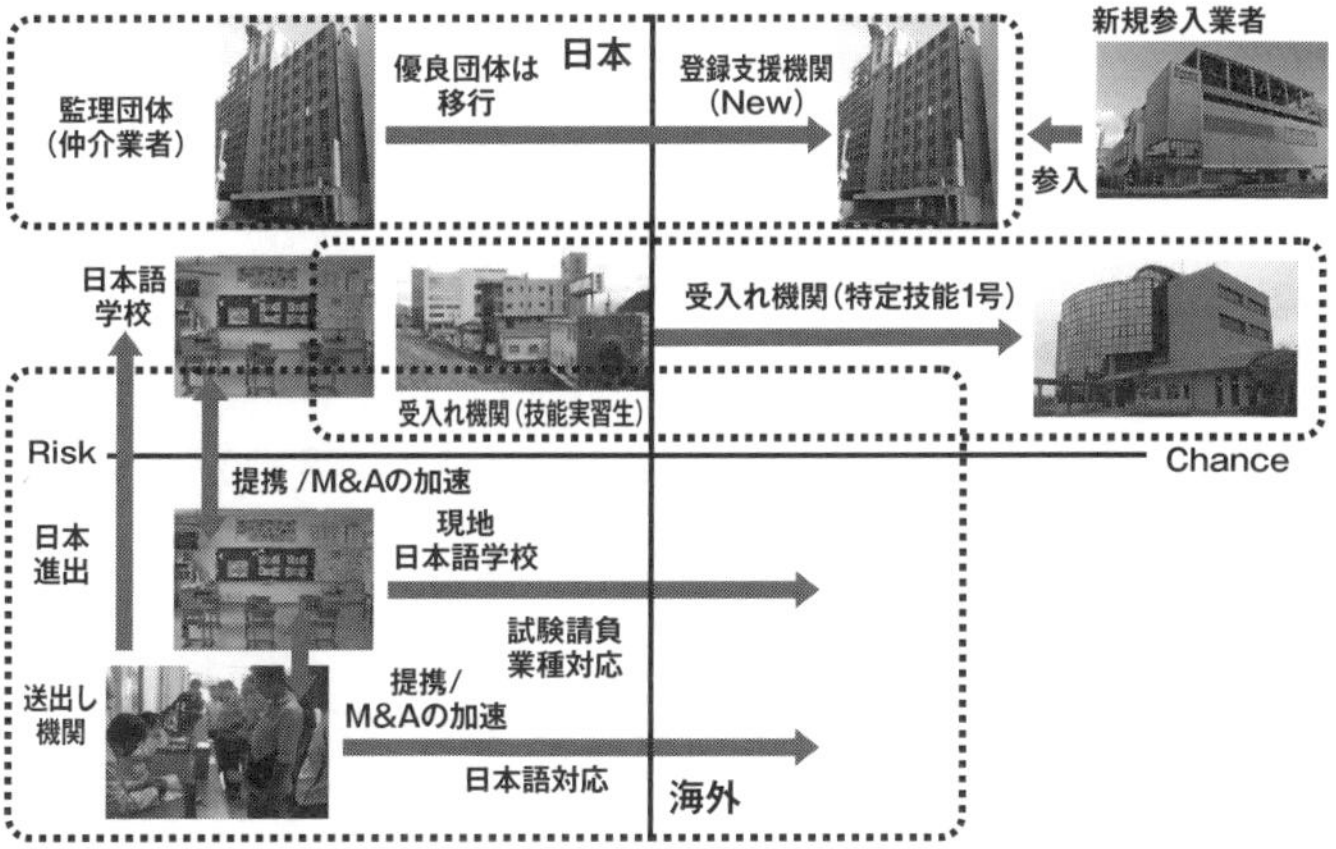

Copyright©2019 Global Innovation Consulting Inc. All Rights Reserved

るかに開発途上国のほうに多い。ここでいう優秀な若者の定義として、いい方は悪いが「何らかの家庭の事情で不十分な学歴だが、地頭は良く間違いなく貧しい。ただ両親や家族のためにモラル・モチベーションが高い若者」である。そのような彼らが日本に来ることでどの業種においてもプラスの要素がある。ただし、その選抜には工夫と努力が必要である。もちろん現地での面接もあるかもしれないが、はっきり言ってそれだけでは厳しいものがある。その前に科学的管理に裏打ちされた選抜試験の実施が必要となる。またこれら外国人労働者を活用した新規ビジネスモデルの実行も大きなチャンスとなるであろう。

リスクはどうであろうか？　再度述べると、期間満了・未了の退職／帰国後転職（競合会社含め）の増加（全業種）、地方から首都圏への外国人人材の移動（全業種）そして採用／維持コストの増大（全業種）が想定される。直接雇用により、監理団体に支払うコストが大幅に減る代わりに、社内での体制作り（担当者アサイン）でそのコストが相殺されると共にマーケティングコストがかかる可能性がある。

6-2 送り出し機関（相手国）

送り出し機関にとって現在日本とさほど取引がなければそのチャンスもリスクもあまり

ない。なぜなら日本と付き合わなければよいからである。他に中国／韓国／中東／タイ／シンガポールといったように日本語の研修が必要のない派遣国はいくらでもあるからである。ただ、現時点で日本と取引が多い場合は別である。直接雇用が原則であるから登録された派遣予定者は日本の受入れ機関に何らかの手段でコンタクトされて、面接後に採用となるからだ。「技能実習生ビザ」とは異なり、手数料収入や個人融資が全くなくなってしまう。これは明らかにリスクである。

それを避けるために、いくつかの策がある。まず、薄利多売で各業種での専門テストを請け負う方法である。ただ、当然その利益率は余り良くはないので、現地日本語学校のM&Aや日本に進出して自らが「登録支援機関」になる方法もあるかもしれない。

6-3 監理団体（仲介業者含む：日本）

ビジネスチャンスは明らかに、登録支援機関の申請／認可及びマーケティング／海外進出の強化の部分にある。ただし、今まで送り出し機関と密接に組んでいれば組んでいるほどリスクのほうが大きい。また、悪質仲介業者は登録支援機関への認可は不可であるし、海外に拠点がない場合はそのコストの増大がある。そして、新規参入業者との競合の激化も想定される。また、マーケティング／IT人材が社内にいない場合は対応が困難なのでそのような人材確保も一つの勝ち残れるポイントになるのかもしれない。

6-4 日本語学校（相手国／日本）

相手国そして日本にある日本語学校は今回認可の14業種の専門教育含めた日本語研修増加というビジネスチャンスがあるだろう。また、進め方次第であるが対応送り出し機関との提携／M&Aも考えられる。リスクは日本では留学生の減少による経営の悪化が考えられる。同時に留学生（アルバイト）の減少による紹介／派遣手数料の減少もみられるであろう。また相手国においてはそれと連動して外国人紹介手数料の減少が起きるであろう。

6-5 登録支援機関（新規参入業者：日本）

登録支援機関は、今回初めて設置される機関であり、まず表13をご覧いただきたい。法務省の2019年2月8日の資料では、支援責任者及び1名以上の支援担当者を選任していることや登録支援機関になろうとする個人又は団体が、2年以内に中長期在留者の受入れ実績があること、登録支援機関になろうとする個人又は団体が、2年以内に報酬を得る目的で、業として、外国人に関する各種相談業務に従事した経験を有すること、選任された支援担当者が、過去5年間に2年以上中長期在留者の生活相談業務に従事した経験を有することなどが記されている。ポイントは2つであり、組織的な対応が日本できる事とこれまでのサポートの実績が日本であることである。支援計画は多岐に渡り（※入国前の生活ガイダンスの提供／外国人の住宅の確保／在留中の生活オリエンテーションの実施／生活のための日本語習得の支援／外国人からの相談・苦情への対応／各種行政手続きについての情報提供／非自発的離職時の転職支援）、送り出

表13. 登録支援機関の役割イメージ（弊社の場合）

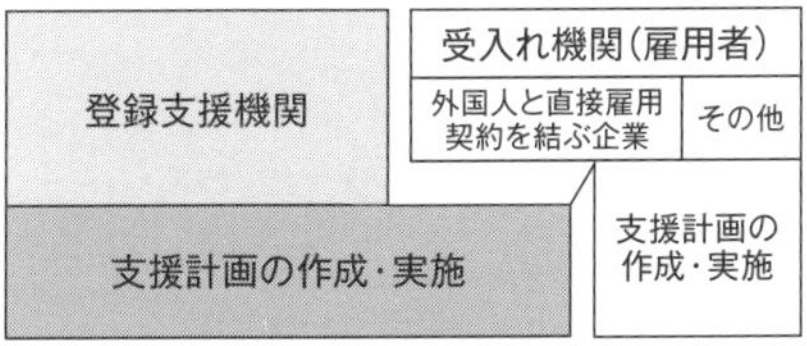

＜登録支援機関＞
支援体制を整えた幅広い主体を想定
- **民間法人**
- 業界団体
- 社労士　等

以下の基準に適合することが必要
- 欠格事由に該当しない事
- **支援計画に基づき、適正な支援を行える能力・体制がある事**

支援計画（必要支援内容）	ミャンマー	日本
・入国前の生活ガイダンスの提供	△	○
・外国人の住宅の確保		○
・在留中の生活オリエンテーションの実施	△	○
・生活のための日本語習得の支援	○	○
・外国人からの相談・苦情への対応		○
・各種行政手続きについての情報提供	△	○
・非自発的離職時の転職支援		○
・その他		

➡ミャンマー／日本の両方に拠点があることが重要

Copyright©2019 Global Innovation Consulting Inc. All Rights Reserved

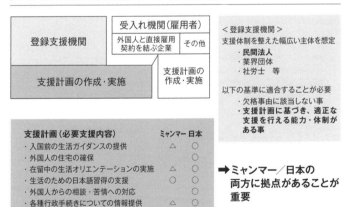

し国と日本の双方にその機能がないと実質的なサポートができないことにある。もちろん、新規参入でも構わないが事前に要件が揃わない場合は認可がされないので、要件を満たした会社をM&Aで買収するか、「登録支援機関」は諦めてそことパートナーシップを構築する以外の方法はない。

ここでまた弊社のデジタルマーケティングの参考例を表14で掲載した。これは弊社の『ミャンマー人向け採用Facebookページ』及び、現地でナンバーワンの求人情報新聞『現地ITジャーナル』に掲載した例である。

表14. デジタル マーケティング（求人広告と掲載メディア）

お客様の業種/雇用条件をもとに、GICにて求人広告をミャンマー語で作成します。(デザインも含む)
広告は、GICの『**ミャンマー人向け採用Facebookページ**』及び、
現地でナンバーワンの求人情報新聞『**現地ITジャーナル**』に掲載します。

➡ミャンマー人向け採用Facebookページ

※ いいね　　：41,416
フォロワー：41,612
2018年12月30日現在

➡現地ITジャーナル（イメージ）

※ 発行部数　ヤンゴン：約50,000部
（採用告知記事掲載は有料）

Copyright©2019 Global Innovation Consulting Inc. All Rights Reserved

6-6 パートナーシップと弊社事例について

新規参入を計画している弊社にとっても、まずその一歩は「登録支援機関」の申請及び当局による認可を目指している。勿論多くの方々がこの度の「改正出入国管理法」施行が千載一遇のチャンスであることは十二分に理解していただいたことだと思う。弊社では既に、外国人労働者の住居確保㈱オークハウス）／寝具・備品類のレンタル・リース㈱エビヌマ）／某インターネット銀行とパートナーシップを構築している。まずそれらの3社のご紹介を行いたい。

①㈱オークハウス様ご紹介

オークハウスは一都三県を中心にシェアハウス7,000部屋を運営する日本最大のシェアハウス運営会社だ。現在は家具付きマンションの運営も始め、来日を予定している外国人の賃貸住宅の問い合わせ窓口的な存在となっている。

1998年に創業し、日本で賃貸住宅を借りられない外国人向けに、当社が大家から借りて外国人に転貸する外国人ハウス事業からスタートした。そのあと、外国人ハウスから外国人と日本人の割合が均等のゲストハウス、そして日本人入居者が過半数以上を占めるシェアハウス、そして現在はソーシャルレジデンスとして進化を遂げてきた。

現在当社が提案するソーシャルレジデンスのコンセプトは、「住むことを楽しむ」。ソーシャルレジデンスとは単に住むことだけでなく、入居者間での交流を通して楽しみ、学び、そして成長できる機会を提供する場となっている。

（1）オークハウスが入居者から選ばれ続ける7つの理由

交流の場を設けることだけが人気の理由ではない。オークハウスは一般賃貸と異なる、入居者に合わせた賃貸制度を設けていて、それが20年間選ばれ続けた理由である（下記参照）。

1. 人種、国籍、年齢、性別、仕事、収入にかかわらず住宅を借りることができる。オークハウスは、入居者の属性ではなく、彼らとの「信頼」で契約をしている。
2. 連帯保証人・保証会社が不要
3. 敷金・礼金・仲介手数料が不要

4．シェアハウス間の移動が可能
5．ハウスマネージャーが英語で接客可能
6．イベント・パーティーが定期開催される
7．預けた保証金の金額に応じて家賃が割引になるスマート会員制度がある

当社は、社会・経済環境の変化による様々な境遇・趣向の入居者様に対して、それに適した住居空間を提供することで発展してきた。それは、住むことの楽しさ・喜びを探求してきたからこその発展であると私たちは考える。住むことで、関わる全ての人々が成長できる環境は、当社にとっても成長への糧となっている。また当社も、入居者様と共に常に成長し続けていく。

（2）賃貸のサービス化

コンビニエンスストア市場がスーパーマーケット市場を上回り、次々とECサイトやインターネットモールが新サービスを始めるにつれ、商店街のあり方が問われるようになったように、今まさに「個の顧客志向」を重視する時代が始まっている。

日本の賃貸住宅市場は世界に類をみない土地・建物の価値の高さに裏付けされる通り、貸主側優位の原理でその市場が形成されてきた。ただし今後、少子高齢社会が訪れ、内需が縮小していく中で成長していくには、「顧客志向への変化」が必要になる。この変化に対応できない企業はやがて淘汰され、顧客を失っていくことになるだろう。

オークハウスは創業より貫く「顧客志向」の精神で、「賃貸住宅のサービス化」を目指し、より多くの方に最適な住居を提供していく。

(3) オークハウスの二つの強み

オークハウスの強みの一つは、シェアハウス事業を通して培ったコミュニケーションのある住環境を提供できることだ。将来、AIを中心としたテクノロジーが導入されていくと、人の仕事の役割は新しいものを創出する作業に変わっていく。このような時代には、人と交流することで自己成長できる機会を持った職住環境が求められるようになることだろう。職場からコミュニティーが失われつつある今、住環境にコミュニティーを求める若者が増えてきている。

二つ目の強みは、お客様である入居者のニーズに合わせた賃貸制度を使用していることと。オークハウスでは、敷金・礼金・連帯保証人を必要としない賃貸方法をとっている。そして、家具・家電を設置し、水道・電気・ガス・インターネットをあらかじめ通しておき、すぐに生活ができる部屋を用意している。また、1か月以上であれば、日割りで家賃を請求し、短期間の滞在も可能である賃貸制度を取っている。これは、職を求め、来日・上京する方々にとって都合の良い貸し方で、引っ越しという高いハードルがなくなり、新しい場所に移り住むことを容易にした。

（4）「特定技能1号ビザ」外国人向けの住宅支援

言語や文化の違う環境で育った外国人労働者を何のサポートもなしに賃貸住宅に住ませるのは、入居者にとっても近隣住人にとっても適した選択であるとは考えられない。彼らには悪気があるわけでもなく、学習意欲はあるものの、異文化の環境下では非常識な行動を起こしてしまうからだ。

当社は、20年間、外国人入居者を管理してきた経験をもとに、特定技能実習在留資格外国人向けの管理を含めた住環境の提案している。

【お問合せ先】

㈱オークハウス
営業推進部　部長　海老原大介／主任　和田大樹
住所：〒150-0002　渋谷区渋谷3-3-2　渋谷MKビル5F
TEL：03-6452-6961
E-mail：ebihara@oakhouse.jp
URL：https://www.oakhouse.jp/

②㈱エビヌマ様ご紹介

(1) エビヌマの概要と歴史～「働く人」と共に～

株式会社エビヌマは法人向けに寝具・備品類をレンタル・リースする会社だ。本社は横浜市金沢区にあり、東京・静岡に支店、茨城県結城市に布団製造子会社である株式会社イーエス古山を傘下に持っている。

創業は大正13（1924）年、昭和16（1941）年に法人化された。

創業から90年以上も続いている会社だが、その歴史を見たときに、今まで関わってきた仕事に共通点があることに気が付いた。それは「働く人に衛生的な寝具などのサービスを提供することで、お客様の会社の福利厚生の充実にお役に立ってきたのだ！」ということだ。

創業時は個人のお客様向けに打ち直した布団をリヤカーで運んでいた。戦後、高速道路などの交通インフラの整備やダムの建設を行う現場の宿泊施設に布団をお貸しし、衛生面の確保のために乾燥消毒を実施してきた。高度成長を機に法人向けの寝具等のリース・レンタルに特化し成長が始まり、布団を貸すだけでなく、洗濯したシーツを交換させていただくリネン業務も幅広く手掛けるようになった。

そのあと、建設業界以外に業種を広げ、電車や地下鉄の駅、警備会社、新聞社、ホテルなど宿直のある仕事の宿泊施設に寝具などを提供し、「働く人」の安眠に貢献してきた。

平成に入り、自動車会社が日本経済を牽引していく中、自動車会社の工場で働く社員・期間工・外国人技能研修生・インターンなどの研修生向けに、布団、ベッド、テレビ、冷蔵庫、洗濯機、レンジ、掃除機などの家電をレンタルすることや、カーテンなどの販売を行ってきた。「働く人」の疲れを癒やし、企業の福利厚生のお助けをしてきたと自負している。

お読みの方も気づかれたと思うが、エビヌマは「働く人」のおかげで存続してるのだ。

（2）エビヌマの強み～「働く人」の味方～

エビヌマは前段の通り50年以上社員寮などに寝具などを貸し、「働く人」の味方として生き残ってきたノウハウがある。寮にはどのような物が必要かをお客様の考えに合わせて最適なプランを提供できる。販売、リース、短期間のレンタルをお選びいただき、お客様が必要とする期間、必要な商品をご予算に合わせてご案内できる。

当然、商品のメンテナンス・クリーニング工場の確保や安定した配送体制の整備もできる。

また、寝具のダニや南京虫などの発生による不衛生な状態の回避のために、お客様のところまで訪問し、乾燥消毒作業ができる乾燥車を所有している。布団だけでなくスプリングマットの乾燥消毒も行うことができる。寝具類の衛生の確保はお客様にとって関心の高いことなのだ。

（3）今後の展開～働き手の拡大に貢献～

この本の著者であるグローバルイノベーションコンサルティング㈱の岩永社長から、今回の「改正出入国管理法」施行に伴い、今までにない形で外国人が安心して働けるスキームを作りたいというお話をいただき、「働く人」と共に歩んできた弊社の考えに合致したこともあり、即座に協力を申し出た。

弊社では女性の働きやすい環境作りに貢献するため、保育園の午睡用レンタル布団の普及にも力を入れている。ご存知の通り、日本の少子高齢化による働き手の減少で女性が働く機会を拡大するため、様々な待機児童の解消政策がとられている。保育園側でも、母親の手間を省く動きが広がってきた。今までは週末に保育園から午睡用の布団を持ち帰り、月曜日に洗濯や天日干しした布団を持っていくことが多かったが、弊社の提案する、保育園が布団を用意し、保護者の布団の持ち運びが必要のないプランが保育園に幅広く受入れられるようになった。保育園側もレンタルをすることにより、メンテナンスの負担が減減った。

特定技能在留外国人を受入れることも同じだと思っている。将来的な日本の労働市場の創生のために「女性の働き手の拡大」と同様に「外国人の働き手の拡大」に貢献していくことが弊社の役割だと思う。そのために、特定技能実習在留資格外国人を採用される企業様のお役に立ちたいと思っている。

（4）「特定技能実習在留資格」外国人のご採用を検討している皆様へ

寝具・家電のご準備のご留意点をまとめておく。

1．布団を用意するのかベッドを用意するのか

2．外国人が日本で生活するうえで最低限必要な備品は何か

冷蔵庫、レンジ、炊飯器、洗濯機、掃除機、アイロン、アイロン台、ポット、カーテンなど

3．雇用者（会社）としてこだわりたいプラス商品は何かダイニングセット、収納商品、勉強のための机・椅子など

4．購入するのか、リース・レンタルを選択するのか

①購入

気に入った商品を安価で保有できるメリットがあるが、

商品の手配、配送の確保、備品ごとに事務処理発生、保管場所の確保、破棄費用の発生などがデメリット

購入年度に一括費用計上できるが、購入資金は単年度に発生

②リース・レンタル

購入に比べトータルコストは高くなるが、

事務処理・配送手配・倉庫の確保が不要

資金・損益計上の平準化（3年から5年程度）が可能

契約によっては商品の破損時に無償交換が可能のケースもある

レンタルにより短期利用にも対応できる

寝具の定期的な乾燥消毒で衛生面の確保ができる

簡単だが、ご選択のご参考にしていただきより良い労働環境を確保され、優秀な外国人労働者の確保と転職阻止にお役に立てれば幸いだ。是非お気軽にご相談、お問い合わせいただければと思う。

【お問合せ先】
㈱エビヌマ　専務取締役　海老沼武司／本店営業部主任　佐相尚哉
住所：〒236-0022　横浜市金沢区町屋町10-3
TEL：045-781-3241
E-mail：home@ebinuma.jp
URL：https://www.ebinuma.jp/（※寝具リース　エビヌマで検索！）

③某インターネット銀行の紹介（聞き取り調査より）

日本国家の持続例成長を実現する為の施策である「改正出入国管理法」施行に伴い、在留外国人は増大の一途であり、特定技能認定される在留外国人材は第一弾で5〜60万人と推定されている。「特定技能1号ビザ」認定者は、所得も日本人雇用者と同様の水準になることが予定されるため、求められる日本の銀行との付き合い方も変わってくることが予想される。結論からいうと、在留外国人には、従来型の銀行ももちろん必要であるが、インターネット銀行活用が特にフィットするということである。

筆者は、従来型の店舗をベースとした銀行ではなく、インターネット銀行（ネット銀行）の活用と従来型銀行のいずれかのアライアンスがさらに広がるものとみている。実際にどのような受入れ状況になるかはさておき、「特定技能1号ビザ」で入国する外国人労働者は首都圏のみならず地方でも受入れるというのがそもそもの仮説であり、地方でATMをさらに増やすような設備投資は従来の銀行にとってもこの低金利の現状では考えにくいからである。

そこで、在留外国人材向けサービスの提携先として候補にあがっている新興ネット銀行の幹部に、在留外国人材がネット銀行を利用するメリットについて、取材を行った。大変、参考になるものであり、以下に筆者の見解を加味して、ポイントを述べることにする。

その銀行では現状の確認の結果、現時点でも外国人口座比率は想定以上に高いとのことであった。また、先ほど述べた通りインターネット銀行と地方銀行を代表とする地方の金融機関のアライアンスが様々な形で進行することが想定されるのも一つの要素である。地方銀行の従来の機能ですでにインターネット銀行の機能を兼ねそろえているところや今後機能を充実しようとする計画をすでに実行しているところもあるだろうが、外国人労働者の送金や日本での利便性を考えた場合にいずれかの戦略変更の見直しもあるかもしれない。付け加え、金融業界に様々な業界（インターネット通販／通信大手）が参入してきて久しいものがあり、生き残りのために銀行系列を飛び越えた新しい提携が加速するかもしれない。以下そのポイントを述べることにする。

（1）インターネット取引

在留外国人材が、銀行店舗とＡＴＭを中心に銀行取引を完遂するとも考えられず、

ＰＣやスマホによるインターネット取引がメインになってくる。特に若い世代は母国でもスマホが決済の主流であり、ますます利用形態はそこになるであろう。

既存の銀行が提供するＩＢ（インターネットバンキング）メニューは、マスの日本人が利用する豊富な商品（投資信託などの運用商品や、個人・住宅ローンなど）を紹介し、手続きするものであり、在留外国人にとっては、使いやすいかどうかというと疑問が残る。

結果として、ＰＣとスマホで完結する、シンプルなメニューと操作性が求められることになる。もちろん、英語や母国言語対応は必須の条件である。ただすべての国のウェブサイトの母国言語対応は当たり前だが非常に時間がかかる。現実的には海外送金業者は送金に関するヘルプデスクを持っているので、母国語による生活インフラサポートヘルプデスク（コンシェルジェ）と併せて対応することになるであろう。

(1)－1：海外送金(利用者)

在留外国人材が働く場所を日本とする最大の目的は、家族への送金である。送金のしやすさとともに、廉価な送金手数料が求められることはいうまでもない。また、母国にいる家族が利用できる銀行口座への送金も求めている。在留外国人材へのヒヤリングの結果では、希望している手数料のレベルは、一番高い場合でも千円／回程度であり100円／回くらいの要望が一番多い。ただよくよく考えてみても海外送金は、100円（国内為替以下）はどこのネット銀行でもできないし国によっても違うようなので、いくら下げても300円～500円／回が下限であろう（某ネット銀行で確認しても現状は2,000円／回である）。

また本文で述べた通り、税務当局は「扶養控除」の厳格化を求めており、その記録がきちんと残り、会社としてある程度の管理がされていない限り、それは認可されないのであるから、手数料を含め、ますます廉価で管理可能な銀行の仕組みが求められるのはいうまでもない。

銀行本体で、海外送金を金融当局が規制しているKYC（Know Your Customer：顧客確認）やAML（Anti-Money Laundering：反社会的勢力への送金規制マネーロンダリング対策）をクリアするためには、各国銀行との相対提携が現実的となる。メガバンクといえども東南アジアを中心とした各国複数の銀行を網羅することは、非常に困難である。ましてや今後さらに外国人労働者が定着し始めると世界中がその範囲となる。管理体制構築コストが更に大きくなる一方、少額送金を利用する在留外国人にとっては、手数料の水準が見合わない。

他方で非銀行系の海外送金専用業者の利用は、海外提携ネットワーク数と、SWIFTを通さないP2P型取引による手数料低減の観点より、少額送金には最も有力な送金手段となっている。取材先のネット銀行では、複数の海外送金業者との口座連携をメインに考えている模様であった。

(1)-2：海外送金(雇用者)

雇用者の側から見ると、採用した在留外国人が、某国等反社会勢力への送金した事実が発覚することは大きなリスクとなる。一部の企業からは、銀行に対して「いつ、誰に、いくら送金したか」を管理できないかとの相談も受けているとのことだが、こちらは個人情報保護の観点よりさらに慎重に対応しなければならない。銀行、雇用者と当社のような外国人生活インフラを支える会社との三者間連携により、かかる課題を解決しなければならないと考えている。

(2) 国内取引

所得水準があがる在留外国人材の消費の拡大により、国内での銀行利用形態は、海外送金以外にも広がっていくものと推測している。

（国内為替取引）

決済手段は多様化してきているが、銀行振込は残る。

国内為替という観点では、在留外国人口座への給与振込に加えて、外国人材の振込回数が増加するものと見ている。

取材したネット銀行は、既存銀行（大手銀行・地域銀行）に比べ為替手数料が業界最低水準であるので、感覚的に給与価値が10倍以上ある在留外国人材にとって、手数料差１００円の価値は１、０００円に相当することになる。

同ネット銀行間での送金は無料とのことで、給与第二口座として普及すれば、外国人間での外食清算などもインターネット上で無料にて完結することになる。

（カード取引）

最近での銀行口座には、クレジットカード機能がついているが、母国でクレジットカードを発行している方を含めて、利用は進むものと見ている。クレジットカードには審査もあるので、取材先ネット銀行に付随しているデビットカード（利用時に銀行口座から即時引き落としされるもの）は、今後明らかに普及するものと推測できる。

（3）口座の利用形態

取材したネット銀行の特徴として、ユニークな仕様（親口座を開設すると10口座まで利用使途にあった子口座＝使い分け口座が設定可）があるため、在留外国人材の利用シーンとして紹介させていただくことにする。今後、在留外国人口座として、スタンダードになる可能性を感じた次第である。

注）最大10のつかいわけ口座利用可能。投資要口座、趣味用口座なども追加設定可能

＜在留外国人の口座利用イメージ＞

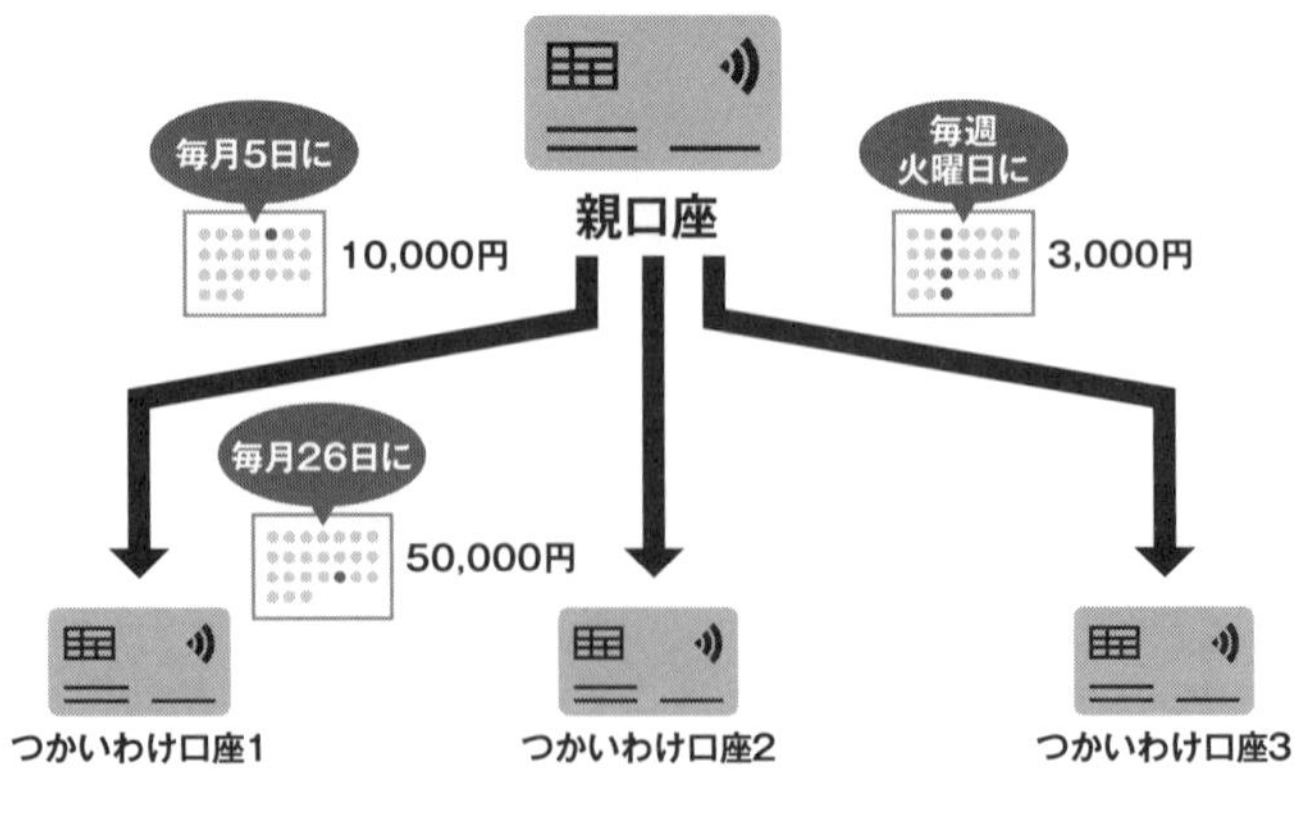

用途例
つかいわけ口座1：生活費口座
つかいわけ口座2：貯蓄口座
つかいわけ口座3：海外送金口

海外のように、入国時に口座が開設できないケースは、デジタル通貨の利用により、普及済プリペート型決済会社への入金が可能になるような利用形態も広がることが十分考えられる。

取材先のネット銀行は銀行目線ではなく、エンドユーザーである利用者（在留外国人材）がハッピーになる銀行商品／サービスを優先開発していきたいとのことであった。新興ネット銀行として、「在留外国人材向け商品／サービス」を提携先（既存銀行含め）と補完する形で、アナウンスする方針であると、語っている。

6-7 読者の方々へのパートナーシップのお願いについて

途中述べた通り、「改正出入国管理法」施行において1社でできることは極めて限られている。またようやく、3社とはパートナーシップを構築できたがまだ勝負は始まったばかりである。弊社としては、地域的にはミャンマー・フィリピンはある程度カバーできているがその他の地域では効率良くビジネスを遂行できるものではない。また、本社は首都圏（東京）なのでその他の地域についてカバレッジも弱いものがある。ということで、登録支援機関、他海外でのコンサルティング会社、受入れ機関（雇用者）含めた各ステークホルダーも去ることながら、都道府県・各市町村含めた公的機関での講演を引き続き行う予定である。共に問題解決を志す同士が今にもまして必要なので是非この場を借りて協業をお願いしたい（下記問い合わせ先参照）。

【お問合せ先】

グローバルイノベーションコンサルティング㈱　新規事業部宛
住所：〒130-0021　墨田区緑1-21-10　BR両国2ビル　2F
TEL：03-5600-8880
E-mail：marketing@gicjp.com
URL：https://www.gicjp.com/

終わりに代えて

前作から約６年の月日があっという間に過ぎ去った。２０１１年４月１日にゼロからスタートした社員は前作発表の時点（２０１２年９月）では24人であったが、現在は５社で約３００名の所帯となった。多くの創業者の方々は会社設立からその成長の過程毎で質・量の異なった課題をある程度解決して今日に至っているのであり、その点では弊社そして私たち経営者も全く同様の過程を経ている。

ビジネスのチャンスやリスクといったことはどのような業種・業態、そして世界・日本そして現在・過去・未来といった古今東西どこでも同じように無数に発生するであろう。ただ、個人的に身を持って体験したことは戦争や占領終結・独裁政権崩壊のような社会現象の少し前（何か月か何年前かといった判断は個別に違う）に大きなチャンスがあるという事実であり、私にとってそれは正にミャンマーの民政移管であった（２０１１年３月）。２００６年11月に初めて来緬し、２００８年７月に前職で日本の１００％のＩＴ

子会社を設立したが、現在の創業者メンバーといった一部の例外を除き、内外含めてことごとく100％近く反対意見であった。（※途中ナルギスというサイクロンが2008年4月28日にミャンマーを襲い、それはミャンマー人にとってもとても大きな災害でありリスクであったが、それも乗り越えることができた。親子3人で2008年4月に赴任したので周囲からは「気が狂ったのか？」とまで言われた…）。

結果そのような反対意見がほとんどだったからこそ、時計が逆回りした瞬間に大きなチャンス＝利益が出るのである。もちろん賭けにも近い要素が多くあるので、今となってはということだしお勧めすることもかなり躊躇はするが、詰まるところそれも一つの会社や個人の運や定めでもあり、「定め」に基づいてそれを実行した私や共同創業者の2名共にすこぶる運が良かったということなのであろう（今後はまたそれがどうなるかも想定はつかない…）。

今回執筆を決意したのも前回と同じような状況が日本で起こるからで、想定できるからである。日本では言うまでもなく先進国であり世界中にある紛争地域のような戦争は起きず、政治の方向性が多少変わることがあってもさほど影響は起きないように感じていた。ただ、今回の「改正出入国管理法」施行は今までの法案とは全然違うことが分かる。

それは日本のみならず世界を含めて「外国人労働者」の行き来が始まり、世界の中での日本の方向性が大きく変わることを示唆している。これは法令施工の性格上一斉に開始なのでどの日本の会社もチャンスとリスクを背負い、ビジネススキームの変化についての仮説検証を早いサイクルで回しスピーディに実行した企業に利益をもたらすのは当然である。もちろん企業一つ一つでは解決できない問題も多く、本書で述べた通り、内外含めたパートナーシップを構築する事も一つの方法である。

ですが、まだまだ14の業種それぞれ詳細な変化については一部調査不足が否めない点もあり、その点はご容赦いただきたい。その理由は法務省からの閣議決定の公式情報（2018年12月25日）を得てから、余りにもそれぞれの業種のキーパーソンの方々とお会いして確認（聞き取り調査）を得る時間がなかったからである。

最後になる、2名の共同創業者である副社長の小笠原・取締役の小西及び協力を厭わないグループ含めた全社員及びパートナーを含めた関係者の方々そして私の家族に謝辞を述べて本書を締めさせていただく。

2019年4月

グローバル イノベーション コンサルティング㈱
代表取締役社長 岩永 智之

岩永 智之（いわながともゆき）

1958年東京生まれ電気通信大学 経営工学 修士卒業。

1984年日本アイ・ビー・エム㈱入社。3年のSE職経験後、中堅企業対象の営業（新規/既存/パートナー）担当後、営業課長／営業部長を歴任。2005年5月IBMのWorldwideのPC部門売却のためLenovoに入社。2005年9月より中部地区日系IT会社に入社し、2006年4月より海外部門の総責任者として就任後、7月にミャンマーに日系100%資本の会社設立。2010年にはタイ／中国(上海)の会社設立をサポート。2011年4月にグローバルイノベーションコンサルティング㈱を創業者3名で設立。この8年間で、シンガポール（2017年7月に精算）／ミャンマー（ヤンゴン／マンダレー）／フィリピン（セブ）／US（サンノゼ）の拠点展開を 行うと共にパートナー事業でネパール/中国／タイ／モンゴルと協業。 日本国内でミャンマー人ITエンジニアの最大手であり、質・量ともにNo.1。

改正出入国管理法施行に伴う
ビジネスチャンスとリスク
IT熟年ベンチャーの次の挑戦

2019年4月5日〔初版第1刷発行〕

著　者　岩永　智之
発行人　佐々木　紀行
発行所　株式会社カナリアコミュニケーションズ
〒141-0031　東京都品川区西五反田6-2-7
ウエストサイド五反田ビル3F
Tel.03-5436-9701　Fax.03-3491-9699
http://www.canaria-book.com

印刷所　株式会社クリード
装　丁　福田　啓子
D T P　Gemini

©Tomoyuki Iwanaga 2019. Printed in Japan
978-4-7782-0451-8 C0034

定価はカバーに表示してあります。乱丁・落丁本がございましたらお取り替えいたします。

カナリアコミュニケーションズ宛にお送りください。

本書の内容の一部あるいは全部を無断で複製複写（コピー）することは、著作権法上の例外を除き禁じられています。